LE GÉNÉRAL DE GAULLE ET LA RUSSIE

Du même auteur

Réforme et Révolution chez les musulmans de l'Empire russe, Paris, Presses FNSP, 1966.

Le Marxisme et l'Asie (en coll. avec Stuart Schram), Paris, A. Colin, 1966.

L'Union soviétique. De Lénine à Staline, Paris, Richelieu, 1972.

La Politique soviétique au Moyen-Orient, Paris, Presses FNSP, 1976.

L'Empire éclaté, Paris, Flammarion, 1978. (Prix Aujourd'hui.)

Lénine. La révolution et le pouvoir, Paris, Flammarion, 1979.

Staline. L'ordre par la terreur, Paris, Flammarion, 1979.

Le Pouvoir confisqué, Paris, Flammarion, 1980.

Le Grand Frère, Paris, Flammarion, 1983.

La déstalinisation commence, Paris-Bruxelles, Complexe, 1986.

Ni paix ni guerre, Paris, Flammarion, 1986.

Le Grand Défi, Paris, Flammarion, 1987.

Le Malheur russe. Essai sur le meurtre politique, Paris, Fayard, 1988.

La Gloire des nations, Paris, Fayard, 1990.

Victorieuse Russie, Fayard, 1992.

L'URSS, de la Révolution à la mort de Staline (1917-1953), Paris, Seuil, « Points-Histoire », 1993.

The Nationality Question in the Soviet Union and Russia, Oslo, Scandinavian University Press, 1995.

Nicolas II. La transition interrompue, Paris, Fayard, 1996.

Lénine, Paris, Fayard, 1998.

La Russie inachevée, Paris, Fayard, 2000.

Catherine II, Paris, Fayard, 2002.

L'Impératrice et l'Abbé. Un duel littéraire inédit entre Catherine II et l'abbé Chappe d'Auteroche, Paris, Fayard, 2003.

L'Empire d'Eurasie. Une histoire de l'Empire russe de 1552 à nos jours, Paris, Fayard, 2005.

Alexandre II. Le printemps de la Russie, Paris, Fayard, 2008.

La Russie entre deux mondes, Paris, Fayard, 2010.

Des siècles d'immortalité. L'Académie française, 1635-..., Fayard, 2011.

Les Romanov. Une dynastie sous le règne du sang, Fayard, 2013.

Six années qui ont changé le monde 1985-1991, la chute de l'Empire soviétique, Fayard, 2015.

Hélène Carrère d'Encausse
de l'Académie française

Le Général de Gaulle et la Russie

Fayard

Couverture Atelier Didier Thimonier

© Gritson/AP/SIPA

Dépôt légal : novembre 2017
ISBN : 978-2-213-70555-2

« C'est de la guerre entre Napoléon
et les Russes que date notre décadence. »

Charles de GAULLE

Avant-propos

Le général de Gaulle et sa politique étrangère ont déjà inspiré de très nombreux ouvrages. La relation franco-soviétique, telle que la concevait le fondateur de la Ve République, n'est pas non plus un sujet vierge, divers moments en ont été étudiés. Fallait-il y revenir ? Et pourquoi le faire maintenant ? Si ce défi, car c'est un défi, méritait d'être relevé, c'est que le monde que l'on crut, durant deux décennies, lisible et stabilisé est, en 2017, totalement bouleversé. La disparition de l'URSS, la fin de la guerre froide avaient créé l'illusion que naissait un monde de paix, harmonieux, réconcilié, rassemblé autour de valeurs communes et d'un modèle accepté de tous. Mais la Russie, *État continuateur* de l'URSS, qui avait rejeté le communisme et renoncé à son empire, n'a pu y trouver sa place. D'abord à cause du chaos de la transition des années 1990. Puis avec l'arrivée au pouvoir de Vladimir Poutine, quand le malentendu entre le monde occidental et la Russie devint une évidence. L'Occident qui avait triomphé de l'*Empire du Mal* ne pouvait imaginer que la Russie ne s'intègre pas dans le monde unipolaire, c'est-à-dire américain, né de la fin de la guerre froide, à ses conditions. Ni surtout qu'elle se transforme selon le modèle occidental, à son visage. Poutine fut d'emblée perçu comme un dictateur, un dirigeant dangereux, porteur des visées « impérialistes » traditionnelles de la Russie. Les diplomaties occidentales, face à ce pays malaisé à comprendre, ont retrouvé des réflexes forgés par la guerre froide. Et la seconde décennie du XXIe siècle a mis à mal les illusions sur ce monde nouveau, étranger à la guerre froide. L'État, la nation, la puissance sont de retour. La puissance américaine – vue comme hyperpuissance depuis la fin de la guerre froide – reste, certes, la référence centrale, mais elle n'est plus la seule puissance déterminante des relations internationales. Et pour ce qui est de notre propos, la Russie, la puissance russe – avec toutes ses limites, certes –, s'est imposée dans le nouveau désordre mondial. Elle ne peut plus être tenue à la marge du monde : une révision des rapports de puissance s'impose. Cela concerne aussi la France qui a, depuis des siècles, entretenu une relation heurtée, contradictoire mais étroite avec la Russie, et dont la politique étrangère de l'après-guerre froide, et surtout des années 2008-2016, a été, comme celle des autres puissances – États-Unis, Union européenne –, marquée par un éloignement de la Russie.

C'est ici qu'intervient la vision du général de Gaulle. Il est, il reste – il suffit pour s'en convaincre de se reporter à tous les discours politiques – une référence constante en France. Or, pour lui, la relation franco-russe était d'une importance particulière pour notre pays, confortant son statut souverain. N'a-t-il pas répété à Alain Peyrefitte en 1965 : « C'est de la guerre entre Napoléon et les Russes que date notre décadence » ? La Russie et la France, proches l'une de l'autre, unies par la conscience de leur communauté d'intérêts et de destins, ce sont des constantes de la pensée gaullienne. Parce que la Russie était vue par le Général comme l'*allié de revers* indispensable à sa sécurité, mais plus encore parce qu'elle participait à sa conception de l'équilibre de l'Europe et de la place de l'Europe dans le monde. Or, c'est cela aussi qui, en 2017, doit être reconsidéré, nul n'en doute, même si l'on ne sait pas encore en quels termes cela se fera. À l'heure d'une réévaluation géopolitique globale, il n'est pas vain de recourir à la vision et à l'expérience du Général. Certes, le monde n'est plus celui qu'il a connu, mais le bouleversement actuel conforte ses intuitions quant à l'importance des États et des nations, la permanence des rapports de puissance et le déclin des idéologies. Le général de Gaulle fut souvent contesté dans sa politique russe, taxé d'opportunisme, de naïveté ou encore d'agitation vaine. Mais, à considérer sa relation avec la Russie dans le temps long, on constate l'actualité de ses intuitions et le prix de son expérience. La relation franco-russe et la politique du général de Gaulle s'étendent dans ce domaine sur trois décennies. Des décennies marquées par des ruptures impressionnantes – la guerre, la guerre froide et les tentatives d'ouverture du général de Gaulle –, en particulier pour dépasser l'univers créé par la guerre froide. Quel homme d'État peut se targuer d'avoir conduit une politique aussi longue dans un contexte aussi bouleversé et un domaine aussi crucial ? De surcroît, nul autre homme d'État que lui n'aura eu une expérience aussi grande et diverse de ceux qui ont dirigé l'URSS, c'est-à-dire l'un des deux acteurs du monde bipolaire disparu en 1992. Hormis Lénine, mort trop tôt, et Gorbatchev, arrivé au pouvoir bien après sa mort, le général de Gaulle aura connu et traité avec tous les maîtres de l'URSS. Or, s'agissant d'un système politique totalement dominé par celui qui se trouvait au sommet, la familiarité du général de Gaulle avec Staline, Khrouchtchev et Brejnev est une donnée exceptionnelle de son action politique qu'il ne partage avec aucun homme d'État de son siècle. C'est pourquoi son action et son expérience, prises non par épisodes mais considérées dans leur totalité, dans la durée et avec le recul du temps qui permet de dresser un état sérieux des résultats, peuvent constituer un précieux apport à la réflexion géopolitique en cours.

Au moment où toutes les certitudes et illusions internationales disparaissent, alors que la carte du monde se recompose et que le monde n'est plus exclusivement américain, l'expérience unique du général de Gaulle dans la relation avec une Russie qu'il aura vue et annoncée derrière l'URSS ne peut être négligée. Y réfléchir était l'ambition de ce livre.

Introduction

France-Russie : le poids du passé

Situées chacune à une extrémité du continent européen, la France et la Russie se sont longtemps ignorées. Sans doute, en 1050, la princesse Anne de Kiev, fille de Iaroslav le Sage, vint-elle en France pour y épouser le roi Henri Ier. On sait qu'elle fut déçue par l'état de sa nouvelle patrie qu'elle jugea bien en retard, s'agissant de la culture et de la civilité, sur la principauté dont elle venait et qui était alors un centre rayonnant de civilisation chrétienne. Plus tard, le joug tatar s'abattit sur Kiev, écartant pour trois siècles la Russie naissante de l'Europe et de la France. Ce n'est qu'au XVIe siècle que la Moscovie a remplacé Kiev comme cœur politique de l'immense espace russe. Cet espace attira très tôt des marchands anglais alors que la France tardait à s'y intéresser. Henri IV pressentait pourtant la puissance à venir de ce monde mystérieux et il souhaita que ses compatriotes suivent l'exemple anglais. Mais Sully s'y opposa, objectant que cette Russie inconnue n'était qu'une contrée asiatique, habitée par des peuples sauvages et barbares.

C'est en effet l'image de la Russie apportée alors à l'Europe par les voyageurs qui s'y aventurent. Au milieu du XVIe siècle déjà, Herberstein, ambassadeur de l'empereur Maximilien Ier et auteur de la première et plus complète relation de voyage en Russie[1], porta sur elle un regard curieux et intéressé, concluant cependant que la Moscovie était barbare et étrangère à la civilisation européenne.

Un siècle plus tard, un Français, Jacques Margeret[2], qui avait servi Boris Godounov, puis le premier faux Dimitri pendant six ans, publia un livre retentissant qui passionna les Français soucieux de comprendre l'Empire naissant d'Ivan le Terrible et les troubles sanglants qui l'ont ravagé et dont les échos étaient parvenus en Europe.

Margeret décrit tout à la fois une puissance grandissante que la France et l'Europe ne peuvent plus ignorer, et un peuple sauvage dont les mœurs sont inacceptables aux Européens. Les traits principaux de ce peuple sont, selon lui, la paresse, l'ivrognerie, la soumission absolue au pouvoir et des usages dépravés au-delà de tout ce que l'on imagine.

Encore trois décennies, et c'est un savant, Adam Olearius, bon connaisseur de la langue et de l'histoire du pays où il s'engageait, qui rapportait d'une longue expédition un récit non moins inquiétant, intitulé *Moscovie, Tatarie et*

1. Sigmund von Herberstein, *Rerum moscoviti carum commentarii*, Vienne, 1549.

2. Jacques Margeret, *L'État présent de l'Empire de la Russie et Grand-Duché de Moscovie avec ce qui s'est passé de mémorable depuis l'an 1590 jusqu'à l'an 1606*, Paris, 1607 et 1669.

Perse[1]. Son jugement sur la Moscovie est d'autant plus important à prendre en considération que le livre a connu en France cinq éditions successives saluées par un public lettré. Olearius écrit : « Si l'on veut considérer l'humeur et la façon de vivre des Moscovites, l'on sera contraint d'avouer qu'il n'y a rien de si barbare que ce peuple (...) Ils sont fins, rusés, contredisants, opiniâtres, obstinés, insolents et impudents, ils règlent la raison sur leur pouvoir et ils ont renoncé à toutes sortes de vertus pour s'embourber en toutes sortes de vices. » Et, ayant décrit ces vices, dont la sodomie, que presque tous les voyageurs constatent alors, Olearius conclut : « Ils vivent en bêtes. »

Tous ces récits s'accordent à décrire un pays montant en puissance, dominé par un pouvoir tyrannique et peuplé de barbares. Ils connaissent tous un grand succès en France et ont sans doute forgé chez les Français une image inquiétante, voire effrayante, d'un monde « étrange », comme en témoigne l'attitude de Sully. La volonté de le tenir à distance est commune à ceux qui gouvernent la France et à l'opinion publique qui s'est nourrie de ces récits de voyage. Cela explique peut-être la longue absence de relation d'État à État entre la France et la Russie. L'un des premiers contacts officiels entre les deux pays est la lettre qu'adressa le 29 janvier 1653 le tsar Alexis, deuxième souverain de la dynastie Romanov, à Louis XIV. Écrite en slavon, cette lettre expose les griefs du souverain à l'encontre du royaume de Pologne-Lituanie dont l'ombre pèse lourdement sur l'État russe. Cette tentative d'intéresser la France aux différends russo-polonais n'eut guère de suite, puisque

1. *Relation du voyage d'Olearius (Adam) en Moscovie, Tatarie et Perse,* Paris, 1659 (traduit de l'allemand).

la politique étrangère française prit dès lors appui sur le royaume de Pologne pour contenir l'Empire qui se constitue à l'autre extrémité du continent.

Le choix « antirusse » de la France se confirme en 1697 lors de la « grande ambassade » que le jeune Pierre le Grand promène à travers l'Europe pour s'instruire de son exemple. Les grandes cours européennes ont percé l'anonymat du souverain russe et le reçoivent chaleureusement. Pourtant, Louis XIV ne daigne pas les suivre et fait savoir au voyageur qu'il ne serait pas le bienvenu dans son royaume. Ce n'est qu'en 1717 que le Régent rachète cette offense et reçoit avec effusion celui qui a déjà triomphé de la Suède de Charles XII, autre pays que la politique française espérait voir contenir la puissance russe.

C'est qu'à cette époque l'opinion française sur la Russie a déjà changé, et les victoires de Pierre le Grand n'y sont pas pour rien. Olearius, en dépit de la sévérité de sa vision de la Russie, avait d'ailleurs noté que les soldats moscovites étaient courageux, et que seule manquait à leurs généraux l'expérience.

En 1710, peu avant la venue de Pierre à Paris, un livre paraît – encore un succès public – consacré à la guerre de Suède[1], affirmant que « aujourd'hui les Moscovites visitent toutes les parties de l'Europe, ils y acquièrent du savoir et de la politesse » et que « Pierre a déjà chassé de ses États l'ignorance barbare qui y régnait ».

Au même moment, on lit à Paris un roman attribué à l'abbé de Choisy, *Le Prince Kouchimen*, anagramme aisé à déchiffrer de Menchikov, favori de Pierre le Grand. Ce roman raconte un véritable conte de fées,

1. Jean Léonor, sieur de Grimarest, *Les Campagnes de Charles XII roi de Suède*, Paris, 1705-1711, t.III.

l'histoire d'un apprenti pâtissier qui vendait ses petits pâtés dans les rues de Moscou et devint prince de Russie, prince du Saint Empire, conseiller du souverain et généralissime. La morale de l'histoire est qu'en Russie le mérite permet de s'élever de la plus humble condition aux sommets de l'État, donc que le progrès est ce qui y anime les hommes. Ce roman connut un succès retentissant et de nombreuses rééditions. Du regard méprisant jeté peu auparavant sur la Russie à cette explosion d'une *mode russe*, le chemin parcouru est considérable et, pourtant, il y aura fallu peu de temps. En 1697, Louis XIV veut ignorer Pierre le Grand ; vingt ans plus tard exactement, l'*Almanach royal,* qui jusqu'alors boudait la Russie, l'inscrit parmi les puissances du continent. Saint-Simon, chroniqueur de la cour, devient le héraut de l'amitié franco-russe, il sera qualifié par Albert Lortholary de « premier des russophiles français[1] ». Fontenelle, de son côté, fait l'éloge de Pierre le Grand, soulignant qu'« il prend conseil de la philosophie pour gouverner ». C'est donc un prince éclairé. La mode russe sera portée par la russophilie des philosophes français qui dominent au XVIIIe siècle l'Académie française, l'Académie des Sciences et dictent leurs vues à une opinion déjà bien convaincue. Voltaire, Diderot, Grimm : tous apportent leur écot à la reconnaissance de la modernisation de l'Empire conduite par Pierre le Grand et ses deux héritières Elisabeth Ire, puis Catherine II.

Sans doute Louis XV, plus fidèle à l'esprit de Louis XIV qu'à celui du Régent, n'est-il pas décidé à

1. Albert Lortholary, *Le Mirage russe en France au XVIIIe siècle*, Paris, Vrin, 1951, p. 19.

céder à la mode russe. Au milieu du XVIIIe siècle, ce n'est plus l'ignorance de ce pays lointain ou sa réputation de barbarie qui inspirent l'attitude du roi, mais la crainte de voir monter en Europe cette puissance dotée, tous les voyageurs l'ont relevé, d'un territoire immense et de ressources naturelles considérables. C'est la concurrence russe, en termes de puissance, qui inquiète le roi de France attaché à la prééminence de son pays en Europe. Et cela explique qu'il ait tenté de ruiner la légitimité de Catherine II, qu'il continue – c'est la politique du *secret du roi* – à jouer obstinément la Pologne contre la Russie, et même à soutenir l'Empire ottoman contre cette éventuelle rivale. De surcroît, il brandit le Protocole des rois contre le souverain de ce pays qui l'inquiète – Catherine II – en lui refusant le titre impérial. Ce sera le sujet d'une étonnante querelle entre Versailles et Saint-Pétersbourg. Cependant, en dépit de l'hostilité royale, la mode russe a marqué l'opinion. Le XVIIIe siècle est, pour les écrivains français, le siècle d'or d'un mirage russe.

Ce rêve est brisé par Custine et son livre *La Russie en 1839*, qui devient d'un coup le best-seller de la première moitié du XIXe siècle. Ce récit de voyage au succès foudroyant bouscule toutes les convictions. Étrange destin que celui de Custine venu chercher dans l'Empire russe une consolation aux malheurs de sa famille, victime des fureurs révolutionnaires. Mais le pays où il espérait trouver refuge le révulse, et son livre porte jusqu'à l'incandescence les signes de cette détestation horrifiée.

La Russie qu'il a vue est celle de Nicolas Ier qui se veut le champion de l'ordre européen et du conservatisme. Custine décrit un despotisme abominable, oppresseur des individus et des peuples – « Vive la Pologne, Monsieur ! » va dès lors crier toute la France avec Custine –, mais aussi un matériau humain à l'image de son gouvernement – l'homme russe, faible, voire débile, soumis, dénué d'initiative, une âme d'esclave qui appelle les coups et la tyrannie.

Bien des raisons expliquent l'incroyable succès de Custine et le basculement de l'opinion de la mode russe à la détestation de la Russie. Tout d'abord, Nicolas Ier est un despote, mais il entend aussi établir fermement l'autorité russe en mer Noire. Après la Suède, humiliée par Pierre le Grand, la Pologne, presque supprimée par Catherine II, l'Empire ottoman, le dernier adversaire que la France avait longtemps soutenu contre la Russie, semble à portée de main. La querelle des Lieux saints, comprise en 1850 comme une simple « affaire de moines » écrira l'ambassadeur de France à Constantinople, conduit à la guerre franco-russe en Crimée. Après l'affrontement entre Napoléon et Alexandre Ier, celui qui oppose Napoléon III à Nicolas Ier ouvre le temps non plus des guerres d'opinion et diplomatiques, mais des vraies guerres franco-russes. Pour la seconde fois, deux peuples éloignés géographiquement l'un de l'autre, qu'aucun conflit territorial ne sépare, s'opposent et avec quelle violence. Pour l'opinion française, la gloire de Sébastopol, en 1855, aurait dû suffire à effacer le souvenir des Cosaques campant en 1815 sur les Champs-Élysées. Mais, dans *Le Médecin de campagne* de Balzac, paru en 1832, Goguelat explique pourquoi le différend franco-russe est si vivace : « La belle France (...) a voulu faire la loi aux Russes en les poussant dans leurs limites pour qu'ils ne nous mangeassent pas comme c'est l'habitude du

Nord. » C'est bien la peur des Russes qui l'a emporté alors, et que Custine a théorisée.

En même temps que la France se fait antirusse, que l'opinion est marquée par le discours de Custine, en Russie, le mirage européen, mais aussi français qui avait tant favorisé le rapprochement des deux pays, s'évanouit. De Pierre le Grand au règne de Nicolas Ier, l'obligation d'imiter l'Europe n'avait jamais été mise en question. Le progrès impliquait l'« européanisation » et la rupture avec la spécificité russe. Sans doute la révolution française et ses suites ont-elles tempéré cet enthousiasme, et le grand historien Karamzine écrit, dès 1795 : « Siècle des Lumières, je ne te reconnais pas dans le sang et les flammes[1]. »

Avec le règne de Nicolas Ier, la mise en question du mirage occidental s'affirme. L'historien Pogodine constate en 1841 : « La période "européenne" de l'histoire russe cède la place à la période nationale. » Cette mise en cause de l'Europe, de son prestige nourrit le discours *slavophile* qui fait de la singularité russe l'élément décisif de l'histoire et du progrès de la Russie. Aux deux extrémités de l'Europe le regard jeté sur l'autre est devenu particulièrement hostile, sa référence est l'histoire et la civilisation.

La relation franco-russe est une toile de Pénélope, et toujours des écrivains s'emploieront à reprendre le travail pour réconcilier les deux pays. Dans la seconde partie de ce XIXe siècle, marqué par les deux guerres franco-russes, ce sont les grands écrivains français qui prennent position sur la Russie. Balzac, qui

---

1. Cité dans le remarquable ouvrage de Michel Niqueux *L'Occident vu de Russie,* Paris, Institut d'Études slaves, 2016, p. 23.

s'apprêtait à dédicacer *Le Colonel Chabert* à Custine, y renonce après la parution de son ouvrage et rompt avec lui. Mais aussi Lamartine, Victor Hugo, Théophile Gautier ouvrent la voie d'une réévaluation de la Russie. Puis vient le temps des traductions des grandes œuvres de la littérature russe que Mérimée offre à la France ou de la vogue du *roman russe*, lancée par Eugène Melchior de Voguë, qui fit connaître Pouchkine, Dostoïevski, Tolstoï à ses compatriotes. Après les imprécations de Custine, c'est un tout autre univers que découvre l'opinion française, celui des grandes voix de la littérature russe, mais aussi une histoire exceptionnelle qu'Anatole Leroy-Beaulieu lui présente de manière équilibrée. Et la *Revue des Deux Mondes* apporte de son côté une grande contribution à cette connaissance de la Russie.

Après la fureur des guerres et la haine, le XIXe siècle s'achève sur une grande époque d'amitié franco-russe. Dans les deux pays, les écrivains sont présents par les traductions de leurs œuvres qui remportent de part et d'autre un immense succès. Même si la philosophie allemande a pris le relais des idées des Lumières en Russie, le français y demeure la langue de l'élite. Les entrepreneurs français s'installent en Russie et les épargnants se ruent sur les emprunts russes. L'Empire allemand, édifié par Bismarck dans la foulée du désastre de Sedan, se dresse au cœur de l'Europe, et « la peur de l'Allemand » a fait oublier celle du Russe. Les gouvernants français s'avisent que cette puissance que l'on avait longuement crainte peut être d'abord un contrepoids à l'Allemagne et une remarquable alliance de revers. Au mirage russe a succédé une alliance conclue en 1894, confortée par une convention militaire. Celui qui sera le dernier souverain de l'Empire russe reçoit alors à Paris un accueil exceptionnel, car il représente l'espoir d'un équilibre préservé en Europe. Curieusement, le commerce ne suit pas. Si la Russie trouve en France les capitaux nécessaires à son développement grâce à la ruée sur les emprunts russes, le tiers des exportations et la moitié des importations russes se font toujours avec l'Allemagne, les échanges avec la France étant dix fois moindres.

Du 20 au 23 juillet 1914, le président de la République française, Poincaré, et son président du Conseil, Viviani, séjournent en Russie. Le meurtre de Sarajevo a eu lieu un mois plus tôt, pourtant, le voyage présidentiel n'a pas été annulé. Un certain optimisme règne encore. Le 4 août, la guerre éclate, et, le 5 septembre, les trois puissances de l'Entente, France, Russie, Angleterre, signent le Pacte de Londres qui les engage à ne pas conclure de paix séparée. Engagement particulièrement précieux pour la France qui subit d'emblée l'assaut des armées allemandes et qui doit aux offensives russes de l'été 1914, même si elles furent payées de revers russes, d'avoir pu opérer son redressement sur la Marne. L'Alliance franco-russe fonctionne !

Mais les événements intérieurs précipitent la chute de la monarchie russe et l'arrivée au pouvoir de Lénine, promoteur d'une paix séparée, signée à Brest-Litovsk en mars 1918. L'Alliance franco-russe est alors rompue, faisant place à un nouveau temps d'hostilité.

Plus encore, le 14 janvier 1918, le gouvernement de Lénine, qui disperse, quatre jours plus tard, l'Assemblée constituante, a répudié toutes les dettes de ses prédécesseurs et particulièrement les emprunts contractés en France et en Angleterre. La créance française était évaluée à plus de douze milliards de francs de 1914, répartis entre plusieurs millions d'épargnants. La trahison politique et la défaillance financière ruinent dans l'opinion française la cause russe, même si c'est d'une autre Russie, celle des bolcheviks, que vient ce désastre. Dès lors, la Russie est pour la France le pays de l'« homme au couteau entre les dents ». Cependant, pour une part de l'opinion qui grandit dans les années 1930, c'est aussi le pays de l'espérance pour l'humanité. Jusqu'en 1924, cette Russie qui a trahi ses engagements, mais qui prône en même temps la révolution universelle, est l'ennemie officielle de la France, tout autant que celle de l'opinion publique, ruinée par les emprunts. Et la Pologne reconstituée, qui s'est refusée à fraterniser avec les troupes révolutionnaires, redevient la grande alliée, capable, espère-t-on, de contenir la Russie. Revanche de la diplomatie du *secret du roi* ?

Éternel retour du balancier dans les relations franco-russes, devenues franco-soviétiques, le réalisme politique impose, dès 1924, une réconciliation – on ne passait pas sur les dettes, mais elles n'étaient plus au premier plan – d'abord sous la forme de la reconnaissance *de jure*, le 26 octobre 1924, de l'URSS par le gouvernement Herriot. À partir de là, un constat s'impose vite à l'attention des dirigeants français, celui de la renaissance du péril allemand. L'arrivée au pouvoir de Hitler en 1933, son arrogance manifeste qui le conduit à se retirer de la SDN, ses violations répétées du traité de Versailles, tout rend vie au thème de l'alliance de revers. Le 2 mai 1935, au terme de très difficiles négociations menées à Moscou, Pierre Laval signe avec l'ambassadeur de l'URSS, Potemkine, le *Traité franco-soviétique d'assistance mutuelle*, assorti d'un *Protocole de signatures*, qui donne l'interprétation officielle du traité. Valable pour cinq ans, il se prolonge automatiquement s'il n'a pas été dénoncé. Laval s'est entretenu à Moscou avec Staline, qu'il décrit « froid, sage, détaché, impitoyable », mais aussi « un bon type. Il a commencé comme moi, nous nous sommes tout de suite retrouvés entre révolutionnaires ».

Le Pacte est jugé insuffisant par Staline qui veut l'assortir d'un accord militaire. Laval obtient alors de Staline qu'il fasse pression sur les communistes français pour leur imposer de ne pas faire obstacle au développement de la puissance militaire de la France. Le 15 mai, à l'issue des entretiens Staline-Laval, ce communiqué est publié à Paris : « Monsieur Staline comprend et approuve pleinement la politique de défense nationale faite par la France pour maintenir sa force armée au niveau de sa sécurité. » À son grand désarroi, le Parti communiste français est obligé de cesser sa propagande antimilitariste – notamment son opposition à la loi des deux ans – et de voter les crédits militaires. La *Marseillaise* remplace ou suit dans ses défilés *L'Internationale*, et le drapeau tricolore y accompagne le drapeau rouge. Si les communistes français sont désemparés, c'est qu'ils n'ont pas assez prêté attention aux tournants brutaux que Staline impose à cette époque au Komintern. Il faut lui obéir sans barguigner.

L'accord militaire, interminablement débattu, pour lequel l'URSS fait pression, achoppe sur les difficultés des rapports avec la Pologne. En effet, les responsables polonais, convaincus que leur pays peut rester à l'écart de la compétition germano-soviétique, et hantés par la crainte de tomber dans l'orbite soviétique, s'obstinent à chercher une voie médiane entre leurs deux inquiétants voisins, et refusent qu'en cas de conflit à l'Ouest les troupes soviétiques passent par la Pologne. L'impasse est totale lorsque, le 24 août 1939, le pacte germano-soviétique est signé, mettant fin à tout autre discussion. Le 27 août, le maréchal Vorochilov déclare aux *Izvestia* : « Les négociations militaires avec l'Angleterre et la France ont été rompues, non pas parce que l'URSS a conclu un pacte de non-agression avec l'Allemagne, mais bien au contraire, si l'URSS a conclu ce pacte, c'est parce que les négociations avec la France et l'Angleterre avaient abouti à une impasse. » Le 1er septembre, les forces armées allemandes entrent en Pologne et, le 3, la France et l'Angleterre se disant liées par leur engagement envers la Pologne déclarent la guerre à l'Allemagne. Une guerre effroyable, longue de cinq ans, commence.

Et, une fois encore, la Russie, l'URSS à ce moment, « alliée à l'ennemi de toujours » redevient l'ennemie de la France. Éternel recommencement des oscillations de la relation franco-russe.

Il faut rappeler, pour clore ce préambule, qu'en février 1917, juste avant la chute de l'empire des tsars, Gaston Doumergue, participant à Petrograd à une réunion des Alliés destinée à consacrer les buts de guerre, a été chargé d'obtenir un engagement écrit du tsar confirmant à la France que ses revendications sur ses frontières avec l'Allemagne étaient agréées. La demande française comportait quatre points : le retour de l'Alsace-Lorraine à la France ; la réintégration dans le territoire français du bassin sidérurgique de la région allant jusqu'à l'ancien duché de Lorraine, et du bassin houiller de la Sarre ; le détachement total de l'Allemagne de tous les autres territoires situés sur la rive gauche du Rhin et, enfin, pour les territoires de la rive gauche du Rhin qui ne seraient pas incorporés à la France, leur organisation en État-tampon neutre, occupé par les troupes françaises aussi longtemps que la paix ne serait pas assurée.

Le Tsar y acquiesça et l'accord fut inscrit dans des lettres échangées entre le ministre des Affaires étrangères russe, Pokrovski, et Paléologue, ambassadeur de France. Par la suite, le gouvernement français s'efforça d'obtenir du Gouvernement Provisoire la confirmation de cet engagement, mais il se heurta aux changements politiques rapides à Petrograd, aux atermoiements de Kerenski, et même à l'appel du pape Benoît XV en faveur « des bases d'une paix juste et durable » qui semblait rattacher les buts de guerre à une conception déjà dépassée de la paix à venir. Sur ce point, qui concerne l'avenir de l'unité allemande et la frontière orientale de la France, le général de Gaulle hérite d'un contentieux et de revendications qu'il connaissait mieux que quiconque et dont on retrouve les traces dans son dialogue avec Staline.

*

* *

Pourquoi ce long rappel historique, alors que ce livre porte sur l'histoire du XXe siècle ? Parce que nul homme d'État n'a été autant fasciné par l'histoire que le général de Gaulle, qu'il avait une très sûre et immense connaissance du passé européen, de la culture de l'Europe et de ses mythes. Mais aussi parce que cette relation intense entre deux pays éloignés l'un de l'autre, relation constamment marquée par l'alternance de l'attirance et du rejet, de l'alliance et du conflit, nourrie des deux côtés par la réflexion des historiens, des écrivains, était partie intégrante de l'univers mental et de l'imaginaire du général de Gaulle. Enfin, parce que les problèmes et les acteurs qu'il rencontre quand, à son tour, en 1944, il s'attèle à cette tapisserie de Pénélope, sont ceux qu'il a croisés dès sa jeunesse en Pologne, à un moment qui préfigure les difficultés auxquelles il est, plus tard, confronté face à Staline, après l'avoir été dans ses responsabilités à l'état-major et au ministère de la Guerre.

Enfin, comment ne pas constater que cette longue histoire de la relation franco-russe, qui concerne deux pays et deux peuples, a toujours été complétée par un troisième acteur, l'Allemagne, Prusse d'abord, puis l'Empire édifié par Bismarck. La présence entre les deux États amis-ennemis situés aux deux extrémités de l'Europe d'une nation germanique a presque tout le temps conditionné leur relation ou pesé sur elle. Ce fut particulièrement vrai au XIXe siècle, et le général de Gaulle a hérité de cette situation. Le présent ne peut être compris sans référence au passé, et nul plus que le général de Gaulle n'en était convaincu.

I

De Gaulle-Staline.
Une alliance de revers

17 juin 1940. L'armée française est en déroute et la population affolée fuit l'envahisseur allemand. Le gouvernement a quitté la capitale pour Bordeaux. Le chef du gouvernement, Paul Reynaud, a démissionné, cédant la place au maréchal Pétain. Le vainqueur de Verdun a aussitôt rendu publique son intention de demander à Hitler à quelles conditions il accepterait de signer un armistice. Dans le désarroi général, un homme, le général Charles de Gaulle, sous-secrétaire d'État à la Guerre, proclame le même jour une certitude étonnante : « Les Allemands ont perdu la guerre. Ils sont perdus et la France doit poursuivre le combat[1]. »

Ce propos, il le tient à Jean Mistler, secrétaire de la Commission des lois à la Chambre qu'il croise sur la route de l'aéroport de Mérignac d'où il s'apprête à s'envoler pour l'Angleterre. Son départ, quasi clandestin, s'est organisé dans des conditions rocambolesques. Il part dans un avion britannique, en compagnie du général Spears, l'homme de confiance de Winston Churchill, qui a organisé ce vol et surtout l'entretien

1. Henri Amouroux, *Le 18 juin 40*, Paris, Fayard, 1964, p. 327.

entre de Gaulle et Churchill qui doit avoir lieu à l'arrivée, au 10 Downing Street.

De Gaulle-Churchill, une relation difficile

Que représente ce jour-là l'ancien sous-secrétaire d'État à la Guerre pour le Premier ministre anglais ? Et qu'attend Churchill de son interlocuteur ? Au vrai, peu de chose tant la situation paraît désespérée. Si l'armistice demandé par la France est conclu, l'Angleterre va se retrouver seule à combattre l'Allemagne. Le projet conçu quelques jours plus tôt d'une union franco-britannique, d'un gouvernement commun, c'est-à-dire un cabinet de guerre qu'eût présidé Paul Reynaud, où dans le combat poursuivi participeraient toutes les forces françaises, a fait long feu. Churchill sait que la France va cesser le combat et il s'interroge sur les moyens de prévenir le glissement vers l'Allemagne du pays gouverné par le maréchal Pétain. Comment empêcher la flotte française de tomber aux mains de l'ennemi allemand ? Comment sauver l'indépendance de l'Empire français d'une mainmise allemande ? Et quel pourrait être, au regard d'objectifs si considérables, le rôle de ce général de Gaulle encore presque inconnu ? Certes, il impressionne Churchill par son propos si décidé, par son refus de la défaite et par la volonté qu'il exprime d'emblée de pouvoir, selon ses mots, « hisser les couleurs », c'est-à-dire rendre publique sa présence à Londres, pour en appeler au patriotisme des siens et leur proposer un projet : résister. Churchill accepte cette demande et en fournit les moyens en ouvrant la BBC au Général.

Le 18 juin, le général de Gaulle lit au micro de la BBC « le texte que l'on connaît », écrit-il dans ses

Mémoires[1]. Mais ce texte, légèrement adouci à la demande de Churchill, a été peu entendu – du moins le jour même – en France. L'essentiel demeure, la phrase qui sera à jamais indissociable de la légende du général de Gaulle : « La France a perdu une bataille, elle n'a pas perdu la guerre. »

Ce propos stupéfiant est porté par les ondes à l'heure même où Hitler est prié d'indiquer ses conditions pour cesser le combat. Mais n'est-ce pas déjà ce que le Général avait dit à Jean Mistler la veille ? Et il proclame, de surcroît, qu'il lui appartient d'« assumer la France dans l'abandon général ».

On peut comprendre que Churchill, en entendant ce général dire qu'il assume et qu'il incarne le « destin de la France » ou plutôt l'espoir de la France, hésite cependant à décider de la place qui pourrait lui être attribuée dans le conflit. D'autant plus que le cabinet britannique est divisé sur ce sujet, plutôt réticent à l'égard d'un quasi-inconnu, difficile à situer et dont le discours paraît bien outrancier. Mais, le 22 juin, tout bascule. L'armistice signé à Rethondes fait voler en éclats les hypothèses optimistes sur la capacité de la France à résister. Le gouvernement français n'est pas neutre face à l'Allemagne, et il n'entend pas quitter le sol français pour l'Afrique. Du coup, de Gaulle trouve sa place dans les calculs britanniques. Churchill obtient l'accord du cabinet, si réticent quelques heures plus tôt, au projet du général de Gaulle de constituer sur le sol anglais un *Comité national français* que Churchill nomme aussi « Conseil de la libération[2] ».

1. Charles de Gaulle, *Mémoires. L'Appel*, Gallimard, « Bibliothèque de la Pléiade », Paris, 2000, p. 82.
2. *Ibid.*

Le 24 juin, dans une nouvelle intervention à la BBC, de Gaulle déclare que le gouvernement français et les institutions françaises ne sont plus en état de fonctionner, donc que le Comité national français est la seule autorité légitime. Cette prétention à la légitimité soulève l'hostilité de la plupart des Français influents qui sont alors réfugiés à Londres tels l'ambassadeur Corbin, Alexis Léger ou encore Jean Monnet. Le doute qu'expriment ces personnalités gagne les Britanniques dont certains commencent à dire que le général de Gaulle n'a été reconnu que comme initiateur d'un Comité dont la fonction est d'organiser l'accueil en Angleterre des Français désireux de poursuivre le combat.

On ne fera pas ici le récit des déconvenues multiples essuyées à Londres par le général de Gaulle peinant à convaincre ses interlocuteurs que le gouvernement de Bordeaux, devenu ensuite gouvernement de Vichy, a, du fait de l'armistice, perdu toute légitimité et que lui seul peut rassembler ceux qui condamnent un abandon si honteux.

S'il faut ici rappeler l'un de ces épisodes, le premier, c'est pour souligner la situation inconfortable et isolée du général de Gaulle. On peut alors prendre la mesure de son incroyable capacité à ignorer ou à nier cette situation, ce qu'il fait de la même manière et avec la même énergie qu'il a mises à nier la puissance apparemment sans contrepoids des forces de Hitler.

C'est le 17 juin en effet, alors que rien ne semble pouvoir arrêter Hitler, prêt à esquisser un pas de danse sur la place de l'Étoile tandis que ses troupes paradent sur les Champs-Élysées, que de Gaulle décrète froidement que la France n'a perdu qu'une bataille et que l'Allemagne a déjà perdu la guerre !

Ce qui doit aussi être retenu de ses propos, c'est sa conviction de la mission qui lui incombe : il a le devoir de rassembler les Français et il est celui qui peut incarner la France. Il est intéressant ici de recourir au portrait que son petit-fils, Yves de Gaulle, a dressé de lui dans l'ouvrage de souvenirs qu'il lui a consacré : « 22 novembre 1939, Charles de Gaulle a quarante-neuf ans. Vous ne les fêtez pas. La tradition familiale en écarte la célébration. En outre, de par votre passé singulier, vous croyez votre vie professionnelle déjà terminée. » Et, deux pages plus loin : « 22 novembre 1940, vous avez cinquante ans, votre vie commence réellement à un âge où débute habituellement son déclin, par la création brutale d'un événement particulièrement improbable, inédit, transgressif. La France combattante est en marche[1]. »

On sait qu'en 1939 le général de Gaulle s'interrogeait : « Resterai-je dans l'armée ? Et quel avenir médiocre m'y sera fait ? Au point de vue militaire, je ne serai moi aussi qu'un revenant. »

Ce que suggère Yves de Gaulle, c'est que les événements, le désastre français ont transfiguré l'homme, l'incitant à trouver en lui, au fond de lui-même, la volonté de prendre en main – seul – le destin français.

Mais ici se pose une question. Comment ce militaire, dont les compétences stratégiques, le savoir historique n'ont jamais été contestés, pouvait-il, en juin 1940, croire à la défaite allemande, même

1. Yves de Gaulle, *Un autre regard sur mon grand-père Charles de Gaulle*, Paris, Plon, 2016, p. 179.

à terme ? La situation internationale ne suggérait-elle pas une conclusion opposée ?

Après le désastre français, l'Angleterre est restée seule face à un adversaire résolu à imposer la *pax germanica* au monde. Les États-Unis, qui étaient entrés si tard dans la Première Guerre mondiale, ne semblent pas disposés à agir différemment en 1940. L'Angleterre ne bénéficiera du prêt-bail que l'année suivante, en mars 1941. Et, sur le continent européen, Hitler n'a plus en face de lui que des États qu'il a déjà vaincus ou l'Union soviétique à laquelle le lie le pacte de septembre 1939 qui a permis de dépecer la Pologne et la Tchécoslovaquie. On ne voit rien qui puisse s'opposer à sa puissance. Et nul n'imagine encore que l'alliance germano-soviétique pourrait être rompue.

La relation de De Gaulle avec les Anglais, et surtout avec Churchill, sera d'une irrégularité et d'une difficulté constantes. À peine est-il reconnu comme chef du CNF le 24 juin, que survient la tragédie de Mers el-Kébir, la destruction par les forces anglaises de la plus grande partie de la flotte française. Treize cent quatre-vingts marins sont tués, trois cent soixante-dix blessés, tous les navires français se trouvant dans les ports britanniques sont arraisonnés et leurs équipages internés. De Gaulle, indigné, réagit brutalement. Sa première réaction mêle fureur et émotion. Il veut rompre avec l'Angleterre, partir au loin, au Canada, renoncer à son combat. Mais il finit par se rendre aux arguments du général Spears, qui ne l'a pas quitté et qui plaide la nécessité de cette décision terrible. Le 8 juillet, de Gaulle prend la parole à la BBC pour dire son émotion, son refus d'une tragédie inacceptable, mais aussi pour demander à ses compatriotes « de considérer le fond des choses du seul point de vue qui compte, celui de la victoire et de la délivrance. En vertu d'un engagement déshonorant, le gouvernement qui est à Bordeaux avait consenti à livrer nos navires à la discrétion de l'ennemi. Il n'y a pas le moindre doute que, par principe et par nécessité, l'ennemi les aurait un jour engagés soit contre l'Angleterre, soit contre notre propre empire[1] ».

Churchill peut être rassuré, de Gaulle ne désertera pas le combat commun puisqu'il a été capable de dominer son indignation devant le désastre de Mers el-Kébir. La rupture évitée, de Gaulle ressent le besoin de manifester son indépendance. Certes, il n'est plus seul. Depuis le 18 juin, de nombreuses personnalités l'ont rejoint, mais il comprend que son mouvement doit avoir aussi une assise territoriale. Et il pense la trouver en Afrique. Il décide donc dès le 5 juillet, au lendemain de Mers el-Kébir, de lancer une opération militaire sur Dakar, afin de s'y implanter. Ce sera un fiasco retentissant, mais tragique également, puisque l'opération a conduit à un affrontement militaire entre Français. De Gaulle en est si affecté que, si l'on en croit l'un de ses biographes qui se réfère au général Spears, il aurait songé un instant au suicide[2]. Ne serait-ce pas une première manifestation d'un tempérament par instants dépressif, que l'on retrouvera en mai 1968 lors de la « fuite à Baden-Baden » ?

L'effet de cette expédition manquée est désastreux. Le Foreign Office, la presse et l'opinion anglaises

1. Charles de Gaulle, *Mémoires*, *op. cit.*, p. 80-81.
2. François Kersaudy, *De Gaulle et Churchill*, Paris, Perrin, 1981, p. 86.

multiplient les critiques soulignant l'impréparation, voire l'amateurisme qui y ont présidé. Churchill met alors un point d'honneur à défendre de Gaulle, mais en dépit de ce soutien de poids, les difficultés des rapports franco-anglais s'accroissent. Un sérieux problème pèse sur la relation franco-anglaise : celui des rapports de Londres avec le gouvernement de Vichy. En 1940, le gouvernement du maréchal Pétain a son siège dans une partie du territoire français qui n'est pas occupée et les colonies françaises ne le sont pas davantage. Le Foreign Office considère, et il fait pression sur Churchill pour lui imposer ses vues, qu'il faut maintenir de bonnes relations avec Vichy pour empêcher ce gouvernement, d'apparence – sinon de réalité – indépendant, de se rapprocher davantage de l'Allemagne. Dès lors que l'on admet ce point de vue, de Gaulle est perçu comme un obstacle à une politique de compromis avec Vichy. Nombre de responsables anglais espèrent même par moments que le maréchal Pétain décidera en fin de compte de partir pour l'Afrique du Nord. De Gaulle est conscient de ces calculs, il sait qu'ils conduisent parfois à des conversations plus précises entre Londres et Vichy. Il en est informé par Churchill qui tente, lui aussi, de maintenir un équilibre entre le soutien aux Français libres et une attitude ouverte à l'égard du gouvernement du maréchal Pétain. Même l'entrevue de Montoire et la poignée de main entre Hitler et le vieux maréchal ne suffisent pas à décourager le Foreign Office de son espoir de peser sur Vichy. Et les États-Unis partageront cette attitude de méfiance à l'égard du général de Gaulle[1].

1. Voir l'excellente relation qu'en fait Éric Roussel, *Charles de Gaulle*, Paris, Gallimard, 2002, p. 186-189.

Pourtant, le Général veut ignorer ce problème et il persiste dans ses efforts pour élargir son assise territoriale en gagnant les peuples de l'Empire à la France libre. Il y réussit malgré l'échec de Dakar, en établissant son autorité à Libreville et dans l'ensemble « Afrique-Équatoriale française et Cameroun », c'est-à-dire sur six millions d'habitants. Quand Leclerc qui l'avait rejoint s'empare de Koufra le 1er mars 1941, de Gaulle peut considérer qu'il a dominé la mésaventure de Dakar. Mais cette victoire ne suffit pas à l'imposer à ses difficiles protecteurs anglais. Au Levant, il doit constater combien sa situation reste précaire et ses rapports avec l'Angleterre ambigus. Il connaît bien le Levant et il lui est aisé de voir que les Anglais y ménagent le général Dentz, c'est-à-dire le régime de Vichy dont il est le représentant en Syrie. Plus grave encore, le général de Gaulle soupçonne que la politique anglaise dans la région a pour but d'y prendre, à terme, la place de la puissance mandataire, ce qui expliquerait aussi les relations douteuses entretenues par Londres avec Vichy. Il ne se prive pas d'exprimer ces doutes et d'accuser les Anglais d'avoir fait preuve de légèreté ou d'incompétence dans la campagne de Syrie, trahissant par là même leurs alliés de la France libre. Du coup, le général de Gaulle se tourne vers Washington et déclare, dans un entretien accordé à un journaliste américain du *Chicago Daily News*, que ce sont les États-Unis qui gagneront la guerre ; et il propose pour les y aider de mettre à leur disposition des bases navales en Afrique. Ces propos peu diplomatiques irritent d'autant plus Churchill qu'ils lui ont été communiqués dans une version quelque peu tronquée. Churchill en conclut que de Gaulle est mû par un puissant sentiment anglophobe.

22 juin 1941. Ouverture à l'Est

Sans doute de Gaulle n'a-t-il cessé d'exaspérer ses alliés anglais. Et quant aux Américains, en dépit du soutien qu'il a cherché auprès d'eux durant la période fiévreuse de l'expédition syrienne, même si ses avances ont produit quelque impression au Département d'État, elles n'ont pas suffi à provoquer une remise en cause des rapports bienveillants qu'entretient Washington avec Vichy. L'aide que de Gaulle cherche désespérément en ce printemps 1941 pour équilibrer ses difficultés, c'est de Moscou qu'elle va venir, et elle ne sera pas due à une initiative du Kremlin, mais à la décision prise par Hitler de rompre le pacte germano-soviétique en attaquant l'URSS. En dépit des avertissements qui lui étaient prodigués de tous côtés, Staline n'avait jamais cru que Hitler mettrait fin, de son propre chef, au pacte de septembre 1939. Pour Staline, l'initiative lui en reviendrait au moment qui lui conviendrait. Quelle erreur de jugement et quelle méconnaissance du caractère de Hitler.

Le 22 juin 1941, à trois heures du matin, rompant sans préavis le pacte germano-soviétique de 1939[1], les troupes allemandes mettent en œuvre le plan Barbarossa et franchissent la frontière occidentale de l'URSS. Au soir du 22 juin, une centaine d'aérodromes et plus de sept mille avions soviétiques ont été détruits. Des centaines de milliers de prisonniers et de fuyards complètent cet effroyable bilan. En quelques jours,

1. Molotov dénonce à la radio « un acte de perfidie sans précédent ». Voir Robert Conquest, *Staline*, Paris, Odile Jacob, 1999, p. 259.

l'armée allemande a traversé le Niémen, elle assiège Brest-Litovsk, avance à vive allure vers Lvov. Le désarroi de Moscou est alors total. Et la réaction peu rapide. À l'automne, la Wehrmacht détient trois millions de prisonniers, elle s'est emparée de Kiev, assiège Leningrad et menace Moscou.

La réaction de De Gaulle est immédiate. Le 23 juin, alors qu'il se trouve à Damas, il enjoint à son collaborateur Maurice Dejean de faire savoir à l'ambassadeur soviétique à Londres, Ivan Maïski, que la France libre apporte un soutien total à l'URSS. Et, d'emblée, il précise sa position : « Entre le national-socialisme, qui a dégénéré en un militarisme virulent, et le bolchévisme qui a évolué vers un nationalisme de plus en plus accusé, il n'y a que des nuances. Ce n'est point sur le terrain idéologique, c'est purement et simplement sur le terrain militaire que s'affrontent à l'heure actuelle le Reich et les Soviets. Quiconque lutte contre l'Allemagne combat en même temps pour la libération de la France. » Et il ajoute : « Sans accepter de discuter actuellement des vices et même des crimes du régime soviétique, nous devons proclamer – comme Churchill – que nous sommes très franchement avec les Russes, puisqu'ils combattent les Allemands[1]. »

De Gaulle n'a jamais douté que l'alliance de septembre 1939 entre Berlin et Moscou ne pouvait durer, qu'elle se briserait très tôt. C'est cette conviction qui explique son propos, imperturbablement répété, qu'en dépit des succès de 1940 l'Allemagne avait déjà perdu la guerre ou allait la perdre. Cela explique aussi les signaux discrets que, depuis Londres, il esquisse vers

1. Charles de Gaulle, *Mémoires*, *op. cit.*, p. 195 *sqq.*

les Soviétiques avant même que s'engage l'opération Barbarossa. Le 12 août, Vichy rompt avec Moscou, alors que le général de Gaulle charge son représentant à Ankara d'informer Vinogradov, qui y représente alors l'URSS, de son souhait d'envoyer des délégués à Moscou pour y établir des relations officielles[1]. L'intermédiaire choisi pour porter ce message est un journaliste, Géraud Jouve. En poste à Istanbul, il avait rejoint la France libre et en était devenu le délégué pour la Turquie et la région des Balkans. Dûment instruit par le général de Gaulle du discours qu'il aurait à tenir, Jouve expliqua à Vinogradov ce qui caractérisait de manière exclusive les relations entre la France et l'URSS : « Ce sont deux puissances continentales ayant par là même des intérêts et des tâches différentes de ceux des puissances maritimes. » Le propos fut accueilli avec sympathie par Vinogradov, même s'il n'entendait pas privilégier le caractère exceptionnel – tel qu'il ressortait de la position gaulliste – des relations avec la France libre. La réponse soviétique était prudente et le message dénué d'ambiguïté, la France libre était bienvenue dans le combat commun, mais seul comptait le combat, et le poids de la France n'y était pas considérable[2]. Pourtant la position soviétique changea rapidement pour devenir plus chaleureuse. Le 20 août 1941, Maïski informait Dejean qui faisait fonction de ministre des Affaires étrangères du Comité national

1. Voir la riche contribution de François Lévêque, « Les relations entre l'Union soviétique et la France libre », in *De Gaulle et la Russie*, dirigé par Maurice Vaïsse, Paris, CNRS éditions, 2006, p. 19 *sqq*.

2. Jean-Louis Crémieux-Brilhac, *La France libre,* Paris, Gallimard, 1996, p. 319 *sqq*.

que le gouvernement soviétique allait reconnaître la France libre dans la mesure où cette reconnaissance venait d'être effectuée par la Grande-Bretagne. Cette promesse devient réalité le 26 septembre 1941, date à laquelle Maïski et de Gaulle se rencontrent pour un échange de lettres. Le texte soviétique souligne « la ferme résolution du gouvernement soviétique d'assurer la pleine et entière restauration de l'indépendance et de la grandeur françaises lorsque nous aurons ensemble remporté la victoire[1] ».

Commentant cette lettre dans ses *Mémoires*, le général de Gaulle constate qu'en dépit des assurances prodiguées par Moscou sur l'indépendance de la France ce texte, pas plus que celui des Anglais, ne faisait référence à l'*intégrité* territoriale de la France. En dépit de cette réserve, mise en évidence par le Général, la reconnaissance soviétique avait pour lui une importance considérable car elle arrivait à un moment crucial. Le 24 septembre, en effet, il institue le *Comité national*, qualifié par le *Times* d'« espace de gouvernement provisoire », que le gouvernement britannique reconnaît comme « représentant de tous les Français libres », même s'il explique ne pouvoir échanger avec ce Comité de représentants diplomatiques puisque ce serait reconnaître au Général le statut de chef d'un État souverain. Le gouvernement soviétique va, pour sa part, au-delà du geste britannique en acceptant l'idée d'une représentation de la France libre en URSS ; ce sera la mission conduite par Roger Garreau.

1. *Sovetsko-frantsuskie otnocheniia vo vremia velikoi otetchestvennoi voiny, 1941-1945*, Sbornik dokumentov, 2 tomes, Moscou, 1983, t. I, p. 48.

Si le général de Gaulle semblait considérer que ses relations avec Moscou – et en particulier avec le représentant de l'URSS à Londres, Ivan Maïski – étaient dénuées d'ambiguïté, son interlocuteur soviétique, Maïski, en donne dans son *Journal*[1] un tout autre éclairage. On y trouve une perception très négative du général de Gaulle. Maïski écrit : « Le milieu de De Gaulle est rempli de cagoulards. Il y a sûrement parmi eux des agents allemands. D.G. lui-même ne comprend rien à la politique, il a de la sympathie pour le fascisme de type italien et ne sait pas diriger (il se dispute avec tout le monde). Il n'a pas l'étoffe d'un dirigeant. Cela rend son entourage d'autant plus important. Il y a du travail. »

Outre ces notations peu flatteuses[2] qui reviennent à plusieurs reprises, Maïski souligne avant tout la difficulté constante des rapports entre Churchill et de Gaulle, et les griefs entretenus des deux côtés. Méfiance de De Gaulle à l'égard des Anglais et volonté évidente d'opposer les Anglais et les Soviétiques. Le 26 septembre, Maïski écrit : « Échange de lettres avec de Gaulle [il s'agit précisément des lettres évoquées ci-dessus]. Dans la conversation, propos antibritanniques de De Gaulle : ils ne sont jamais prêts pour la guerre. Ils font tout dans l'improvisation, ils tardent toujours, etc. Voilà bien les Anglais ! Les Anglais n'ouvriront pas pour l'instant de second front en France. »

Et Maïski d'insister sur les différends franco-anglais, sur l'hostilité feutrée de Churchill à l'égard du Général, prêtant à celui-ci ces propos : « J'en ai assez de cette

1. Ivan Maïski, *Journal 1932-1943. Les révélations inédites de l'ambassadeur russe à Londres*, Paris, Les Belles Lettres, 2017.
2. *Ibid.*, p. 412, 531, 570-571, 642, 685, 690, 693, 695.

Jeanne d'Arc en pantalons ! », et, plus loin : « Et nous cherchons des évêques pour la brûler. »

On ne peut douter que ces jugements peu amènes consacrés au fondateur de la France libre, et dont Staline aura été le premier destinataire, n'aient contribué à forger l'image qu'il se fera du Général, et qui inspirera son attitude à son égard. Le général de Gaulle fut-il conscient des réserves de Maïski, du portrait de lui qui fut présenté à Staline ?

Il est incontestable qu'il évalua les limites de la reconnaissance que lui accorde Staline – la réserve sur l'intégrité du territoire français, les précautions prises par la partie soviétique pour adapter ses positions à celles de la Grande-Bretagne – mais aussi qu'il en comprend les avantages et le prix. Avantages, tout d'abord. Il n'est plus seul face au gouvernement anglais[1]. Si contrôlé que fût son lien avec l'URSS, il constate qu'il dispose d'un nouveau partenaire dans son jeu, ce qui lui donne la possibilité d'engager une diplomatie parallèle. Et il montre d'emblée que lorsqu'il traite avec l'un de ses interlocuteurs, il se sent libre de toute obligation à l'égard de l'autre.

Un autre avantage de la décision soviétique qu'il relève dans son commentaire est « qu'elle n'implique de notre part aucune autre obligation que celle qui résulte des textes publiés, à savoir la continuation de la lutte jusqu'à la victoire finale par tous les moyens à notre disposition[2] ».

1. Sur ce point, J.-L. Crémieux-Brilhac (*op. cit.*, p. 322) montre que de Gaulle n'a cessé de se plaindre à Maïski des Anglais.

2. Cité par François Lévêque (*op. cit.*, p. 26) et lettre de De Gaulle à Maïski, 26/9/1941, *Sovetsko-frantsuskie otnocheniia*, t. I, *op. cit.*, p. 52.

S'il est vrai que cette reconnaissance ne comporte pas de conditions, le général de Gaulle, qui n'est pas un naïf, sait que Moscou nourrit des arrière-pensées. Il sait que l'avenir des communistes français n'est pas indifférent à ses interlocuteurs. Il sait que même en cette période de désastres militaires, à Moscou et surtout au Komintern, on pense déjà à l'organisation politique de l'Europe d'après-guerre. Et diverses mesures prises dans le même temps par Moscou en témoignent. Ainsi, pour la Pologne, victime du pacte d'août 1939, un accord polono-soviétique a été signé à Moscou en juillet 1941 décrétant la nullité du pacte. La voie est ainsi ouverte à la réconciliation soviéto-polonaise. Autre victime du pacte de 1939, la Tchécoslovaquie. Ici, il n'était pas nécessaire d'annuler ou de signer quelque texte que ce soit, car le président Beneš avait conservé des liens étroits avec Moscou. En France, la situation était plus compliquée. Dès le 22 juin, les communistes français furent invités par le chef du Komintern, Dimitrov, à adopter « la nouvelle ligne », à « entrer dès que possible en contact avec de Gaulle et à susciter en France un mouvement de résistance contre le gouvernement de Vichy[1] ».

L'envoi d'une mission française en URSS sera, pour le général de Gaulle, la grande affaire de la fin de l'année 1941. Pour conduire cette mission il avait porté son choix sur un homme qui avait l'expérience du pays. Roger Garreau, diplomate de métier, avait été nommé deuxième secrétaire de l'ambassade de Moscou en 1924, lorsque furent rétablies les relations

1. *Le Komintern et la Seconde Guerre mondiale*, Moscou, 1998, t. I, p. 101.

diplomatiques entre les deux pays. Il y passa près de deux années. Par la suite, il fut chargé de négocier avec Moscou et Pékin le statut du chemin de fer de Chine orientale et il eut alors de nombreux contacts avec les dirigeants soviétiques, notamment avec Karakhan. Fort de ces expériences, Garreau rencontre le 14 novembre 1941 Bogomolov, l'ambassadeur de l'URSS auprès des gouvernements alliés réfugiés à Londres, afin de lui exposer les buts de sa mission en URSS et d'évoquer le rôle des communistes dans la résistance qui s'organisait en France. Il insiste d'ailleurs de manière exagérée sur l'importance des communistes et sur la qualité de leurs réseaux. Il semble que le propos de Garreau ait été davantage destiné à séduire l'interlocuteur soviétique qu'à traduire la réalité du terrain. Certes, dès l'été 1941, le général de Gaulle attend des communistes français, libérés des contraintes de l'entente germano-soviétique, qu'ils rejoignent les forces de la Résistance intérieure, mais il reste méfiant à leur égard. Même au plus profond du désastre, il garde à l'esprit les visées soviétiques et communistes pour l'après-guerre et les problèmes qui surgiront alors. Mettre sur pied la mission Garreau ne fut pas une tâche aisée. Le gouvernement soviétique y avait donné son accord dès le 7 décembre 1941, mais la progression des troupes allemandes en direction de Moscou avait entraîné l'évacuation des services officiels à Kouïbychev, sur les bords de la Volga, et l'on dut retarder l'arrivée du groupe français jusqu'en mars 1942. Entre-temps, Maurice Dejean s'était entretenu avec l'ambassadeur Maïski des activités de la mission Garreau en URSS, mais aussi de la participation militaire de la France libre dès lors qu'un second front serait ouvert à l'Ouest. De cet entretien, des assurances prodiguées par Dejean, Maïski conclut que la France libre était bien représentative de la Résistance française et que ce serait elle qui devrait jouer un rôle essentiel dans la reconstruction de l'après-guerre. Et tous deux convinrent que l'idéologie devait être oubliée[1].

1942 est une année riche en événements, sur le front de l'Est d'abord, puisque les troupes allemandes doivent y faire face à des difficultés grandissantes, mais aussi en Extrême-Orient où l'attaque japonaise sur la flotte américaine à Pearl Harbor a conduit le président Roosevelt à décider d'entrer en guerre. Dès lors, le conflit n'est plus seulement européen, il concerne l'ensemble du monde. Pour le général de Gaulle, l'extension du conflit n'a pas résolu les difficultés des relations avec ses alliés. Certes, l'Angleterre, qui l'a accueilli et a reconnu son autorité, reste l'allié privilégié, mais avec combien de sujets de crise. De Gaulle accuse Churchill d'intervenir dans la vie de la France libre, notamment en soutenant l'amiral Muselier contre lui. Et quand il envisage de transférer son quartier général de Londres à Beyrouth pour se rapprocher du front de l'Est, quand il prétend envoyer sur le front du Caucase une division prélevée sur les troupes commandées par le général Catroux en Orient, Churchill s'en irrite. Ce que de Gaulle cherche à faire, c'est signifier à Churchill que l'Angleterre n'est pas son seul appui ni son partenaire privilégié. Surtout une question ne cessera de tarauder de Gaulle s'agissant des relations avec Londres : comment freiner les ambitions anglaises sur l'Empire français, au Levant en premier lieu ? Mais, dans ses rapports avec les États-Unis, rien n'est simple non

1. *Sovetsko-frantsuskie otnocheniia*, t. I, *op. cit.*, p. 62-63.

plus. Avant Pearl Harbor et l'entrée en guerre de son pays, c'est sur Vichy, sur la neutralité du gouvernement du maréchal Pétain que misait Roosevelt. Grâce à cette neutralité souhaitée de Vichy que l'ambassadeur américain, l'amiral Leahy, est chargé de conforter, Roosevelt espère que l'Afrique du Nord pourra servir de tremplin à une politique américaine au service de la liberté. Il faut ajouter à cette préoccupation que Roosevelt n'aime pas de Gaulle, et qu'il est entouré de collaborateurs hostiles au général rebelle, qui, tous, s'interrogent sur l'autorité dont il jouit en France ou hors de France. De surcroît, des Français respectés aux États-Unis, tel Alexis Léger qui s'y est réfugié, plaident que de Gaulle pourrait devenir politiquement « dangereux » à la fin de la guerre. Après le débarquement en Afrique du Nord, Roosevelt décide de soutenir l'amiral Darlan et refuse obstinément d'associer de Gaulle à ses projets, voire même d'entendre ses arguments. L'opération de débarquement y a d'ailleurs été réalisée sans que de Gaulle ait été informé de ses modalités. Il s'en indigne et il s'inquiète d'un certain alignement de Churchill sur les positions de Roosevelt, notamment lorsqu'il s'agit de soutenir l'amiral Darlan. On comprend dès lors que le général de Gaulle compte sur son interlocuteur soviétique pour faire, le cas échéant, contrepoids à des alliés qu'il trouve si difficiles.

C'est sur la toile de fond d'épisodes humiliants que de Gaulle rencontre Bogomolov, en juin 1942, et leur entretien fait couler beaucoup d'encre. Le Général confie à l'ambassadeur soviétique sa crainte d'une mainmise anglo-américaine sur l'Empire colonial français afin de se le partager. Si cela arrivait, dit-il – à en croire le récit de l'ambassadeur soviétique –, il ne lui resterait qu'une possibilité : transférer la France libre à Moscou. Quelle serait, demande-t-il à Bogomolov, la réaction de Staline à une telle éventualité ? Bogomolov ne commente pas[1] cet échange, mais l'on sait que Dejean vint le voir peu après, qu'il s'efforça d'atténuer la portée des propos du Général et que l'idée fit long feu.

Tout change avec la victoire des Français à Bir Hakeim, qui réhabilite les troupes françaises. En félicitant le général de Gaulle de cette victoire, Churchill l'assure que son pays n'entend pas priver la France de son Empire. « Ce n'est pas une guerre coloniale que nous menons, mais une guerre mondiale », lui dit-il. Pour autant, il admet ne pas désavouer totalement le soutien américain à Vichy. Le 14 juillet, la France libre devient la *France combattante*. Le général de Gaulle marque ainsi clairement qu'il est non seulement le chef d'un pouvoir opposé à Vichy, mais, surtout, qu'il dispose de forces militaires engagées dans la guerre commune. L'Angleterre reconnaît aussitôt la France combattante, mais précise une fois encore qu'il n'y aura pas de représentation anglaise auprès d'elle, car, s'il y en avait une, « de Gaulle serait reconnu comme chef d'un État souverain[2] ». Pour leur part, les États-Unis avaient qualifié la France combattante de « mouvement patriotique, symbole de la résistance nationale », mais ils y ajoutaient une disposition capitale puisqu'ils déléguaient auprès d'elle deux chefs militaires. C'est pourtant de Moscou que

1. Texte Bogomolov du 6 juin 1942, *Sovetsko-frantsuskie otnocheniia*, *op. cit.*, p. 96.

2. Jean-Baptiste Duroselle, *Politique étrangère de la France. L'abîme, 1939-1945,* Paris, Imprimerie Nationale, t. I, 1982, p. 350, et « Points Histoire », 1990.

vient le signal le plus décisif, le 28 septembre 1942. La France combattante est reconnue « comme l'ensemble des citoyens et des territoires français qui n'acceptent pas la capitulation... et le Comité national est reconnu comme organe directeur de la France combattante ayant, seul, qualité pour organiser la participation des citoyens et territoires français à la guerre et représenter auprès du gouvernement de l'Union des Républiques socialistes soviétiques les intérêts français[1] ». Ainsi Staline reconnaît-il aussi l'autorité personnelle du général de Gaulle, un pas de plus que Londres et Washington.

Les relations entre de Gaulle et l'URSS bénéficient alors de plusieurs facteurs favorables. La victoire de Bir Hakeim a montré que la France n'était pas seulement le pays vaincu pour lequel Staline avait maintes fois dit son mépris. Par ailleurs, le quasi-abandon, ou le renvoi à un avenir imprécis par les Anglo-Américains, du projet de second front en Europe au bénéfice d'une opération en Méditerranée était fort décevant pour Staline. Du coup, les opérations subversives menées sur le sol européen prenaient-elles à ses yeux une importance nouvelle. En l'absence d'un second front, l'assurance donnée par le général de Gaulle qu'il pouvait mobiliser une résistance intérieure à laquelle participeraient les communistes devenait, dans la guerre, un atout important que Staline prit aussitôt en considération. C'est ce que dit, le 8 août 1942, le vice-ministre des Affaires étrangères, Dekanozov, à Roger Garreau, et que celui-ci résume ainsi : « Il est évident qu'à défaut d'une offensive

1. Communiqué du gouvernement soviétique. 29/9/1942, *Sovetsko-frantsuskie otnocheniia*, t. I, *op. cit.*, p. 119, et lettre de Dejean à Maïski, le 26/9/1942, *ibid.*, p. 118-119.

immédiate des forces alliées à l'Ouest le gouvernement soviétique – qui doit contenir à tout prix la formidable pression allemande pendant trois mois encore, avant le secours de l'hiver – désire ardemment le soulèvement général des pays occupés[1]. » Enfin, la volonté constamment réitérée du général de Gaulle de nouer des liens militaires avec Moscou et d'engager des troupes à l'Est a contribué à convaincre Staline de ne plus l'ignorer. Dès l'automne 1941, le Général décide d'envoyer une mission militaire en URSS, qui est confiée au général Petit. Ce dernier avait été son condisciple à Saint-Cyr, puis son chef d'État-major à Londres. Il semble que, dès cette époque, le général Petit, qui deviendra plus tard un *compagnon de route* très encombrant, ait eu tendance, lorsqu'il s'exprimait à Moscou, à peindre les cadres gaullistes en termes peu flatteurs et à exagérer dans la Résistance la part des communistes : « Les gaullistes comptent peu d'éléments patriotes et antifascistes (...) il est donc urgent que tous les éléments patriotes et avant tout les forces militaires navales et aériennes du général de Gaulle reçoivent une orientation politique claire. C'est la tâche des partis communistes intéressés[2] », affirme-t-il à ses interlocuteurs soviétiques.

L'idée d'envoyer des troupes françaises à l'Est est avancée dès la fin de 1941 avec deux variantes : l'envoi soit d'une division légère, soit d'un détachement de quarante pilotes de chasse. Le 12 janvier 1942, l'accord passé entre Dejean et Maïski, après un échange de

1. Télégramme de Garreau du 9/8/1942, cité par François Lévêque, *op. cit.*, p. 39.
2. Extrait d'un rapport d'André Marty à Dimitrov, *in* Éric Roussel, *op. cit.*, p. 376-377.

lettres, puis un entretien secret, stipule l'envoi sur le front de l'Est d'une unité française libre[1]. Ce projet est bien accueilli à Moscou, mais il indispose fort les Anglais, car les forces composant cette unité doivent être prélevées sur les effectifs déployés en Grande-Bretagne, éventualité qui provoque à Londres de très vives réactions. De Gaulle décide de s'engager dans cette voie sans plus attendre, en dépit des critiques britanniques et des obstacles bureaucratiques auxquels il se heurte du côté soviétique. En mai, rencontrant Molotov à Londres, il l'assure de sa volonté de voir des Français combattre aux côtés de l'Armée rouge et de son intention de prendre par conséquent les dispositions qui donneront à ce propos un contenu concret. Le 16 décembre, les modalités débattues à Moscou par le général Petit concernant la contribution soviétique en matériel, entraînement et financement des unités de la France combattante ayant été définies, un accord est signé, et les premiers éléments de ce qui sera le groupe Normandie, et, plus tard, Normandie-Niémen, arrive à Moscou. Le destin de cette unité, qui prendra avec le temps la dimension d'un régiment de chasse, sera prestigieux même s'il reflète les contradictions opposant les partenaires de cette étrange alliance anglo-américano-franco-soviétique. Mais, en cette fin d'année 1942, si riche en événements qui bouleversaient toutes les données du conflit, la création du groupe de chasse Normandie contribue à convaincre Staline de la possible contribution

1. *Sovetsko-frantsuskie otnocheniia* (t. I, *op. cit.*, p. 59-60), télégramme de Bogomolov du 9/12/1941 et télégramme de Molotov à Bogomolov du 27/12/1941.

à la guerre de la France combattante et de ses autres avantages. On comprend en effet pourquoi la France combattante a été si volontiers reconnue par l'URSS. Certes, des arrière-pensées dominent les décisions prises par de Gaulle et par Staline. Pour le premier, la France pourrait tirer argument de son engagement à l'Est pour être présente à l'heure de la victoire aux côtés et en égale de ses alliés. Et pour Staline, n'est-ce pas aussi un moyen de préparer, pour l'après-guerre en France et en Europe, les conditions de changements politiques conformes aux intérêts soviétiques ? Et peut-être la révolution mondiale qui n'avait pas eu lieu après la fin de la Première Guerre mondiale, au grand désespoir de Lénine ?

En mai-juin1942, alors que le débat sur l'ouverture d'un second front en Europe se poursuit, que Churchill vient à Moscou pour justifier auprès de Staline la décision d'en retarder l'ouverture, celui-ci imagine un moment d'y organiser un sommet à trois – anglo-franco-soviétique –, donc d'y associer de Gaulle pour tenter de convaincre ses alliés de la nécessité de ce front. Le général de Gaulle se déclare prêt à venir à Moscou. Cette perspective lui est d'autant plus agréable que sa participation à une conférence des chefs des grands États alliés aurait montré que la France avait retrouvé son *rang*, son éternelle obsession. À son grand dépit, le projet de conférence est abandonné, et son voyage en URSS subit le même sort. De Gaulle n'oublie pas l'éventualité de cette expédition soviétique et il y revient à plusieurs reprises par la suite. Le souhait qu'il exprime souvent de se rendre à Moscou se heurte longtemps au silence. On comprend, comme le général de Gaulle, que Staline hésite à mécontenter ses alliés anglo-américains en recevant ce personnage intraitable et exigeant, qui irrite si souvent Churchill et à qui Roosevelt préfère d'abord Darlan, puis le général Giraud, lorsque son heure sera venue. Garreau, le représentant du général de Gaulle à Moscou, déplore maintes fois le long silence opposé à son projet de visite. Le 13 octobre 1943 enfin, Bogomolov met fin à cette attente qui devenait injurieuse en annonçant au Général que le Kremlin est favorable à sa venue.

Mais que de changements survenus entre-temps ! De Gaulle se trouve alors à Alger où a été installé le Comité français de libération nationale sous une double présidence, la sienne et celle du général Giraud. Pour Moscou, le bon interlocuteur est de Gaulle car, à la différence de Giraud, il lutte contre Vichy, et il est, pour l'après-guerre, celui que l'on croit favorable à une évolution démocratique de la France. Mais Roosevelt ne partage pas les vues de Staline. On l'a vu, il préfère Giraud à de Gaulle, d'abord pour des raisons de personnalité, mais aussi parce qu'il est convaincu, et à juste titre, que de Gaulle n'acceptera pas sa conception du rôle dominant que les États-Unis entendent s'attribuer dans la France libérée. Roosevelt est également convaincu que de Gaulle ne sera pas un décolonisateur, comme le souhaitent les États-Unis. Sur le premier point, le président américain avait raison. De Gaulle sait que les États-Unis entendent imposer une administration américaine à la France libérée – l'Amgot (Allied Military Government of Occupied Territories) – et il y est résolument hostile. Pour de Gaulle, la France, qui s'est engagée totalement dans la guerre contre l'Allemagne, qui combat réellement, doit retrouver d'emblée sa souveraineté sur son territoire au fur et à mesure de sa libération. Pour ce qui est de la décolonisation prônée par un Roosevelt convaincu que de Gaulle est un conservateur impénitent, le président du CFLN lui apporte, avec la conférence de Brazzaville le 30 janvier 1944, un flagrant démenti. Il y évoque « la profonde et salutaire transformation de l'Afrique ». Certes, le général de Gaulle reste prudent dans ce discours. Ne s'est-il pas engagé en 1940 à préserver ou à rendre, selon les cas, son empire à la France ? Mais il indique déjà dans le discours de Brazzaville la voie d'un compromis et d'une certaine ouverture.

Pour Moscou, de Gaulle est préférable à Giraud, même si Bogomolov le décrit à son ministre comme « très autoritaire et ambitieux ». Cela ne l'empêche pas de dire au général de Gaulle que sa venue à Moscou est souhaitée. Ce voyage est longtemps différé, il n'a lieu qu'en décembre 1944, après le débarquement en Normandie et la libération du territoire français. À cette époque, le général Giraud a disparu de la scène politique et Moscou n'a plus alors d'autre interlocuteur possible que « cet insupportable » de Gaulle.

Le chef du Gouvernement provisoire

Le débarquement allié en Normandie le 6 juin 1944 est pour de Gaulle source d'espoir, mais aussi de grandes difficultés. Tout d'abord, il est longtemps tenu dans l'ignorance des préparatifs de l'opération. Comme il la pense proche, il veut faire transférer des troupes en Angleterre pour que la France contribue militairement à la grande bataille qui doit avoir lieu. Ce n'est que très tardivement – le 25 mai – que

Churchill obtient l'accord de Roosevelt à l'organisation d'une rencontre avec de Gaulle pour discuter du débarquement. Cette rencontre, réunissant de Gaulle, Churchill et Eisenhower, a lieu le 4 juin. La veille, le CFLN est devenu le *Gouvernement provisoire de la République française*. En dépit de cela, de Gaulle reste bien isolé devant l'hostilité maintenue de Roosevelt et la volonté de Churchill de préserver ses liens privilégiés avec les États-Unis. Et, en URSS, les responsables savent que de Gaulle n'a aucune garantie d'être reconnu comme un égal par ses alliés. On constate qu'à partir du débarquement Moscou, que l'ouverture de ce front soulage enfin, a avant tout le souci de ménager ses alliés occidentaux, ce qui ne peut servir les prétentions du général de Gaulle. Mais, de son côté, celui-ci fait aussi preuve de prudence, ne voulant pas apparaître à l'heure du retour en France comme l'otage de quelque allié que ce soit, en l'occurrence l'URSS. On sait qu'il entrevoit déjà les problèmes qu'il lui faudra affronter au lendemain de la libération de la France ; qu'il sera important de calmer l'hostilité de Roosevelt et surtout d'éviter que l'URSS ne conforte trop en France les communistes qui ont pris une part non contestable à la Libération.

Du côté américain, ses efforts conciliants sont couronnés d'un certain succès. Il se rend à Washington le 6 juillet et y obtient une sorte de reconnaissance *de facto* d'un président sortant, alors absorbé par sa campagne électorale. Ce pas franchi, de Gaulle peut se tourner vers d'autres problèmes, ceux que lui posent les communistes et, au-delà évidemment, son allié du Kremlin. Le général de Gaulle décrit dans les *Mémoires de guerre* le dilemme auquel il se sait confronté : « Les communistes, s'ils parvenaient à s'instituer les dirigeants du soulèvement et à disposer de la force à Paris, ils auraient beau jeu d'y établir un gouvernement de fait où ils seraient prépondérants (...) À mon arrivée je trouverais en fonction ce gouvernement *populaire* qui ceindrait mon front de lauriers, m'inviterait à prendre en son sein la place qu'il me désignerait et tirerait tous les fils... Jusqu'au jour où serait établie la dictature dite du prolétariat[1]. »

En dépit de la menace que les communistes font peser sur lui, le Général n'hésite pas à faire appel à eux, son premier objectif étant, il l'écrit, « que les armes de la France agissent dans Paris avant celles des Alliés, que le peuple contribue à la défaite de l'envahisseur, que la libération de la capitale porte la marque d'une opération militaire et nationale[2] ».

Le général de Gaulle compte alors sur ses fidèles pour régler le problème qui sera posé par les communistes sur son autorité, mais aussi, et cela est important, sur la neutralité de Staline. Le voyage qu'il effectue finalement à Moscou en décembre 1944 lui fournira l'occasion de s'assurer de cette neutralité. Le 19 août, convaincu que les Allemands ont définitivement perdu, il quitte Casablanca – il était parti d'Alger la veille, mais, pour des raisons techniques, il a dû passer par Casablanca – et, après avoir traversé Saint-Lô, Le Mans, Chartres, partout acclamé par des foules en liesse, il arrive à Paris le 25. Au terme de ce glorieux périple, une nouvelle l'attend, qui provoque sa fureur : l'acte de reddition signé par le général

1. *Op. cit.*, p. 554.
2. *Ibid.*

von Choltitz, commandant de la garnison allemande de Paris, et le général Leclerc a eu, lui annonce-t-on, pour témoin – les communistes diront pour cosignataire – un responsable communiste notoire : Rol-Tanguy. Il y voit un signe indubitable de la prétention des communistes à participer au pouvoir.

Restaurer l'autorité de l'État est certes un moyen de les faire « rentrer dans les rangs », et le général de Gaulle va s'y employer, mais il pense, et il sait aussi, que la clé du problème se trouve à Moscou. La relation politique franco-soviétique, relation d'État à État, qu'il veut renforcer, doit lui permettre de reléguer à l'arrière-plan les visées révolutionnaires. C'est pourquoi l'organisation du voyage à Moscou va prendre, durant l'automne 1944, une telle importance. Le général de Gaulle en est d'autant plus convaincu qu'il a pu constater le réchauffement spectaculaire des relations anglo-soviétiques à l'issue de la visite de Churchill en URSS en octobre[1].

Ce voyage est organisé avec un très grand soin au cours du mois de novembre. Les documents existants suggèrent que c'est bien la volonté du général de Gaulle de rencontrer Staline qui est à l'origine de ce qui va être une véritable équipée. Garreau confirme dans son message au ministre le 16 novembre : « M. Dekanozov m'a reçu hier (…) il m'a appris que le général de Gaulle avait fait part à M. Bogomolov le 8 novembre de son désir de venir faire une visite au gouvernement des Soviets et il

1. Télégramme de Massigli à Bidault du 28/10/1944 (*Documents diplomatiques français*, cités plus loin : DDF), DDF II, 1944, p. 270.

m'a donné connaissance de la réponse favorable que ce dernier venait de transmettre à son ambassadeur à Paris[1]. »

Dans une note annexée à ce télégramme, l'ambassadeur soviétique confirme au général de Gaulle l'invitation qui lui est adressée. Ces textes sont révélateurs de l'origine et des conditions dans lesquelles ce voyage a été imaginé et organisé. Mais dans ses *Mémoires*, contrairement au propos de Dekanozov, le général de Gaulle en attribue l'initiative à la partie soviétique : « M. Bogomolov, écrit-il, aussitôt après la visite en France de MM. Churchill et Eden, fit d'actives démarches pour me presser de me rendre à Moscou[2]. »

S'il est inutile d'essayer de trancher entre les versions opposées de l'origine du voyage de Moscou, il faut constater qu'elles laissent entrevoir les difficultés et les ambiguïtés finales de la visite en URSS du général de Gaulle. D'emblée, il campe sur une position de force. Il considère que la France est désormais en mesure de s'imposer dans le jeu des grands, à la fois parce que le dialogue franco-soviétique la met en bonne position face aux Anglo-Américains, et, surtout, parce que les deux pays, URSS et France, sont bien plus d'accord entre eux que les deux autres alliés sur deux points essentiels, la détestation de l'Allemagne et la volonté de la neutraliser à jamais. De Gaulle répétera sans cesse que seules les puissances continentales sont directement menacées par le danger allemand, qu'elles ont donc le

1. Télégramme de Garreau à Bidault du 16/11/1944, DDF II, 1944, p. 270.
2. *Op. cit.*, p. 640.

même et puissant intérêt à le prévenir. Et il en déduit que Staline devrait être favorable à la volonté française de contrôler la rive gauche du Rhin. Dans sa remarquable biographie du général de Gaulle, Jean Lacouture porte un jugement peu nuancé sur ce qu'il tient pour « ses erreurs de calcul » et même, selon lui, pour une certaine « naïveté[1] ». Si, sur cette dernière critique, on peut mettre en question la sévérité du biographe, on doit lui reconnaître d'avoir fort justement pointé les illusions du Général lorsqu'il entreprend ce voyage. Il est certain qu'il n'a pas assez pris en compte les calculs et le cynisme de Staline qui évalue les rapports entre États à l'aune de leur puissance réelle. Celui qui avait traité avec mépris le pape en demandant de « combien de divisions » il était doté, n'a cessé de dire son dédain d'une France qui, d'après lui, « s'est laissé battre ». De Gaulle préfère ignorer ces propos, convaincu que son autorité personnelle va peser dans la balance et qu'il pourra traiter en égal avec Staline. En s'illusionnant ainsi, il néglige trois données : l'accord qui unit sur des points essentiels les Anglo-Américains et l'URSS, notamment sur le partage des zones d'influence, cet accord que Churchill avait évoqué lors de son voyage à Moscou ; la crainte de Staline qu'à trop s'opposer à ses partenaires il n'affaiblisse leur volonté d'écraser totalement l'Allemagne ; enfin, l'hypothèse d'une paix séparée signée entre Hitler et les Anglo-Américains. Jusqu'au terme du conflit, en effet, Staline a été hanté par la perspective d'une ultime « trahison » de ses alliés, d'autant qu'il savait l'espoir nourri par certains

1. Jean Lacouture, *De Gaulle*, 3 vol., Paris, Le Seuil, 1984-1986, t. II, p. 85.

proches de Hitler d'une telle solution propre à sauver l'Allemagne de l'écrasement total. Quand de Gaulle quitte Paris, il est convaincu que le *rang* de la France et son propre statut jouissent d'une autorité nouvelle. D'abord, parce qu'il a obtenu de Roosevelt la reconnaissance que le président américain tout juste réélu renâclait jusqu'alors à lui conférer[1]. Mais aussi, la France n'a-t-elle pas réussi à trouver sa place dans la Commission consultative européenne[2], devenant ainsi partie prenante des décisions liées à la défaite du Reich ? L'ayant ainsi emporté sur les réticences américaines, de Gaulle sait qu'il lui reste à convaincre Staline de traiter avec la France et de soutenir ses demandes.

Reconquérir le rang

Quel voyage ! De Gaulle a quitté Paris le 24 novembre pour Moscou où il arrive le 2 décembre pour en repartir le 10. Entre son départ et l'arrivée à Moscou, il s'est arrêté au Caire pour s'y entretenir avec le roi Farouk, à Téhéran où il rencontre le chah, à Bakou, puis surtout à Stalingrad où sa visite est entourée de légendes. Le Général est accompagné dans son périple d'une importante délégation : Georges Bidault et son directeur de cabinet Charbonnières,

1. Télégramme de Chauvel du 24/10/1944, DDF II, 1944, p. 155, et télégramme de Jacques Émile Paris à Bidault du 7/11/1944, DDF II, 1944, p. 212, selon lequel cette reconnaissance « est due à une initiative britannique », Churchill ayant poussé Roosevelt à le faire.

2. Télégramme de Hoppenot à Massigli, DDF II, 1944, p. 128, et désignation de Massigli à la Commission, 21/11/1944, *ibid.*, p. 295-296.

son propre directeur de cabinet Gaston Palewski que Staline n'apprécie pas, le général Juin, Maurice Dejean, alors directeur politique du Quai d'Orsay, son conseiller diplomatique Étienne Burin des Roziers, le lieutenant Claude Guy, véritable confident, et, enfin, le diplomate Jean Laloy, son interprète, à qui l'on doit des récits précieux et parfois discutables de cet événement. Dans un télégramme d'instructions adressé par Georges Bidault à Roger Garreau le 24 novembre, le ministre insiste : « Inspirez-vous du précédent Churchill plutôt que du précédent Beneš. Il convient que la réception à l'ambassade soit étendue. Il serait hautement souhaitable que M. Staline y fût présent[1]. »

La réception du général de Gaulle fut-elle à la hauteur de celle de Churchill ? Du récit qu'en fait le Général lui-même dans ses *Mémoires*, décrivant « une foule considérable » ? Auparavant, faisons un détour par Stalingrad où le Général tenait à se rendre. Cette visite sur les lieux de combats épiques inspira une légende étonnante. De Gaulle, avançant vers la ville héroïque, au milieu de véritables murs de chars allemands ensevelis sous la neige, aurait dit à voix très haute à Bidault : « Quel peuple ! Quelle armée, ces Allemands ! » Dans un passionnant article consacré à ce voyage, Jean Laloy[2] réfute ce propos et Jean Lacouture confirme ce qu'il écrit. Mais l'un et l'autre ne tiennent pas compte du malentendu planant sur ce qui a été davantage qu'une légende. Le propos du général de Gaulle a été situé durant sa marche

1. DDF II, 1944, p. 325.

2. Jean Laloy, « À Moscou entre Staline et de Gaulle », *Revue des études slaves*, 1982, t. 54.

solennelle vers Stalingrad et en présence de Molotov. Si cette version était exacte, le sentiment d'admiration pour l'armée allemande exprimé par le Général eût été particulièrement injurieux pour l'URSS. Mais ce récit est inexact sur deux points essentiels : Molotov ne se tenait pas aux côtés du Général et cela ne se passait pas à Stalingrad. Laloy a maintes fois cité les phrases admiratives du général de Gaulle à l'égard de la puissance et du courage de l'armée allemande, mais en précisant qu'elles avaient été prononcées la veille de la visite de Stalingrad dans le bourg de Vozdok, situé sur la route de Stalingrad et en présence de seuls Français. Si l'épisode fut inexactement relaté, la réalité demeure, le général de Gaulle a dit son admiration pour le combat grandiose et tragique mené devant Stalingrad par une armée allemande à bout de résistance et de ressources, son admiration aussi pour les qualités de cette armée. C'est la solidarité militaire qui lui a sans aucun doute inspiré ce propos.

Arrivé enfin à Moscou le 2 décembre, après un long périple dans un wagon jadis destiné à la famille impériale – les conditions climatiques rigoureuses interdisant alors un trajet aérien –, le Général et plusieurs membres de sa suite – dont naturellement Georges Bidault – auraient dû loger dans la maison gouvernementale, rue Ostrowski, réservée aux hôtes de marque, alors que le reste de la délégation était installé à l'hôtel. Le caractère peu accommodant du général de Gaulle se manifeste d'emblée par son refus d'accepter l'organisation prévue. Il décrète qu'il ira loger à l'ambassade, en dépit d'un chauffage défaillant dont tente de le convaincre l'ambassadeur Garreau, plus inquiet probablement des réactions soviétiques à cette décision que du confort du président du Gouvernement provisoire. Mais le Général ne veut rien entendre et les craintes de Garreau se révélèrent justifiées. Lorsqu'il rencontre le jour même et pour la première fois son invité français, Staline ne peut dissimuler son mécontentement.

Le Général fut-il accueilli triomphalement à Moscou, comme il l'écrit, ou encore dans la plus grande discrétion, selon les mots du correspondant de guerre Alexandre Werth qui précise : « De Gaulle regarda la foule qui le regarda, ignorant qui il était. Il n'y eut aucune rumeur » ?

Foule ou non, il est difficile d'en décider. Mais un constat demeure, le corps diplomatique est présent au grand complet, comme il l'a été pour accueillir Churchill, alors que, peu auparavant, le président tchèque Beneš n'avait trouvé pour saluer son arrivée que deux ambassadeurs, ceux de France et de Yougoslavie[1].

La première rencontre entre Staline et de Gaulle eut lieu au soir de ce même 2 décembre. Le Général y est bien préparé. Le jour de son départ de Paris, Georges Bidault a adressé à Roger Garreau un télégramme contenant une liste de questions devant être traitées. En tête, venait évidemment la question allemande et particulièrement celle de la rive gauche du Rhin. Puis étaient évoqués les problèmes de sécurité collective et ceux touchant aux intérêts français en URSS. Deux chapitres préoccupaient particulièrement la délégation française. D'abord, celui des prisonniers français retenus en URSS et, parallèlement, celui des

1. Télégramme de Garreau du 1/12/1944, n° 761, *Archives diplomatiques*, 288 PAAP 175 (en cours de classement).

citoyens soviétiques, militaires ou civils, que les armées allemandes avaient entraînés à leur suite dans leur retraite, ou encore de sujets soviétiques qui refusaient de rentrer en URSS et que leur pays réclamait avec force. Les évaluations concernant le nombre de Soviétiques présents en France étaient imprécises, allant de soixante mille à cent mille personnes selon le ministère français des Affaires étrangères[1]. Outre les approximations numériques, la diversité des situations compliquait le tableau. On y trouvait des prisonniers de guerre utilisés sur des chantiers par l'armée allemande, des travailleurs civils requis par l'organisation Todt, des fuyards qui s'étaient glissés dans les rangs des FFI, enfin des Soviétiques qui avaient rallié l'armée Vlassov et que le commandement allemand avait transférés en France et en Belgique pour relever des divisions allemandes épuisées ou décimées. Parmi ces « prisonniers soviétiques » que l'URSS réclamait, certains posaient un problème inédit lié à leur nationalité d'origine. Il en allait ainsi des Baltes ou des Polonais entrés dans l'orbite soviétique en vertu du pacte d'août 1939, qui contestaient la légalité de ce statut et demandaient à être reconnus comme étrangers à l'URSS, prétention rejetée d'emblée par Moscou. À l'inverse, la situation des Français prisonniers en URSS paraissait être à première vue plus simple, même si des catégories différentes existaient encore. Quelques centaines d'entre eux, qui avaient été faits prisonniers dans les combats de 1939-1940, s'étaient évadés des camps allemands et, parvenus en URSS pour s'y réfugier, y avaient été

1. Note de la direction d'Europe au général de Gaulle, DDF II, 1944, p. 169-171.

traités avec une extrême rigueur, enfermés dans les prisons les plus sinistres du pays, telles celles de Loubianka ou Boutyrka. Le tournant politique du 22 juin 1941 qui fit passer la France du statut d'ennemie à celui d'alliée n'améliora que très lentement le sort de ces évadés et cela malgré les interventions répétées du général de Gaulle en leur faveur.

Mais le groupe français le plus important était celui des Malgré-nous, ces Alsaciens incorporés de force dans la Wehrmacht. On ignore combien de milliers d'entre eux furent faits prisonniers par les Soviétiques qui ne voyaient en eux que des soldats allemands. Le général de Gaulle avait obtenu qu'une mission spéciale de rapatriement soit créée à leur intention, mais elle fut paralysée par la revendication de Staline, exigeant de « récupérer » d'abord les Soviétiques se trouvant en France, notamment les soldats de l'armée Vlassov ou encore les travailleurs civils qu'il tenait aussi pour traîtres. Le général de Gaulle était conscient du caractère tragique de cette question pour les Alsaciens, et il tenait à ce qu'elle figure en tête de l'agenda des conversations franco-soviétiques. Enfin, il s'inquiétait fort de la situation des peuples de l'Europe centrale vivant dans les territoires « libérés » par les armées soviétiques. Si les informations qui lui étaient fournies sur la Tchécoslovaquie par ses services étaient de nature à le rassurer quelque peu, il en allait autrement du sort de la Pologne. On le comprend à la lecture d'une note du 22 novembre 1944 consacrée par le Quai d'Orsay à ces questions : « Il ne semble pas de prime abord que le gouvernement [tchécoslovaque] de Londres doive être en butte aux mêmes difficultés auxquelles doit faire face actuellement le gouvernement polonais de

Londres. Dans un discours prononcé le 1er février 1944 devant le Conseil d'État, le Dr Beneš a exposé de quelle façon il envisageait la révolution qui doit avoir lieu en Tchécoslovaquie après la guerre, et comment il pensait résoudre les problèmes politiques qui se poseraient alors. Sans aller plus loin que les Soviets qui admettent l'existence d'un seul parti politique dans la nation, le Dr Beneš considère la création d'un nouveau système bâti sur trois partis seulement (...) il a déclaré vouloir renoncer à l'ancien régime où chacun pouvait fonder un nouveau parti[1]. »

La lecture en parallèle d'une note du 1er novembre, préparée pour le général de Gaulle sur l'affaire polonaise, est édifiante et justifie ses inquiétudes : « L'on estime généralement après la conférence de Moscou que le comité de Lublin, soutenu à fond par les Russes et installé en territoire polonais, a les plus grandes chances de supplanter dans un proche avenir le comité polonais de Londres. Aussitôt après les élections présidentielles, l'administration américaine, libérée des préoccupations électorales, se prononcera vraisemblablement en faveur du comité de Lublin. Il n'est pas impossible que M. Mikotajczyk vienne y siéger. » Et l'auteur de conclure : « N'est-il pas temps pour la France de prendre contact avec le comité de Lublin[2] ? »

Si l'on insiste ici sur ces deux notes, ces deux exposés soigneusement préparés par le Département pour

1. Note du Département, 22/11/1944, DDF II, 1944, p. 307-308.

2. Note d'Étienne Burin des Roziers au général de Gaulle, DDF II, 1944, p. 192-193.

exposer au général de Gaulle avant son voyage en URSS la situation des grands pays de l'Europe de l'Est face à Moscou, c'est parce qu'elles montrent combien les informations reçues des services pouvaient l'inciter à penser que le glissement de toute la région dans l'orbite de l'URSS allait de soi, ou encore qu'il ne pouvait être empêché. D'un côté, on y insiste sur la conviction du président Beneš de la possibilité de nouer une relation relativement paisible avec l'URSS, en échange probablement d'un rapprochement du système politique tchécoslovaque avec le système politique de parti unique prôné par Moscou. De l'autre, on présente comme inévitable le consentement américain à la prise de pouvoir par le comité de Lublin soutenu par Moscou.

Le général de Gaulle n'était donc guère préparé à défendre à Moscou une ligne proprement française dès lors qu'on lui répétait que l'état de fait, c'est-à-dire une domination soviétique sur l'Est européen, était déjà plus ou moins entériné par les Anglo-Américains. Ce point est important, car presque tous les biographes du général de Gaulle concluent sur un ton désapprobateur que, lors de ses entretiens avec Staline, il a implicitement accepté les ambitions de ce dernier. N'était-ce pas conforme aux recommandations qui lui avaient été prodiguées par ses collaborateurs les plus compétents ?

Ce voyage est remarquable à bien des égards. Par sa durée, on l'a dit, due à la fois aux difficultés climatiques qui allongeaient le temps consacré aux déplacements, mais aussi au désir du président du Gouvernement provisoire de voir l'URSS. Arrivé à Bakou le 26 novembre, le Général doit y passer deux jours

« que remplirent tant bien que mal la visite de la ville à demi déserte, une représentation au théâtre municipal, la lecture des dépêches de l'agence Tass[1]... » Son mécontentement est ici patent, il n'apprécie guère le tempo très lent de son périple imposé par la puissance invitante, alors que le passage à Stalingrad répond à ses vœux. Il n'est apaisé qu'en arrivant à Moscou, et les huit jours de son séjour dans la capitale soviétique ne lui inspirent aucune récrimination. Même si les motifs de s'y livrer ne manquent pas.

Le premier entretien avec Staline a lieu au Kremlin dès le soir du 2 décembre, jour de l'arrivée du Général dans la capitale. Dans ses *Mémoires*, il brosse un portrait quelque peu acidulé de Staline : « Communiste, habillé en maréchal, dictateur tapi dans sa ruse, conquérant à l'air bonhomme, il s'appliquait à donner le change. Mais si âpre était sa passion, qu'elle transparaissait souvent non sans une sorte de charme ténébreux[2]. »

La caractéristique de Staline, qui paraît dominer dans ce commentaire et qui revient plusieurs fois dans les *Mémoires*, est celle de la ruse. Jean Laloy, dans les souvenirs qu'il rédigera par la suite, souligne que la froideur de Staline à l'égard de son interlocuteur se manifeste ouvertement dès cette première entrevue, et Roger Garreau évoque pour sa part un « accueil glacial ». Il est vrai, et Laloy l'écrit sans ambages, que Staline, qui était petit, malingre, handicapé par un bras atrophié, et qui manquait d'allure, a pu être désarçonné par cet homme au physique médiéval, qui le dominait

1. *Mémoires*, *op. cit.*, p. 645.
2. *Ibid.*, p. 647.

physiquement et se présentait non en quémandeur, mais avec toute l'arrogance dont le général de Gaulle savait faire montre pour affirmer qu'il représentait un grand pays digne de s'asseoir à la table des vainqueurs. Et le Général note que Staline passa son temps durant tout l'entretien – qu'on parlât ou non – « à crayonner des hiéroglyphes[1] ».

Le premier thème que le général de Gaulle[2] voulait traiter, car il lui importait avant tout que l'on reconnût à la France le droit de participer pleinement aux décisions d'après-guerre, concernait l'Allemagne. Mais, avant que ce sujet ait été abordé, une étonnante passe d'armes eut lieu sur le thème de la reconstruction industrielle de l'URSS et de la France où Staline saisit d'emblée l'occasion de montrer quelle faible considération il accordait à la France. Aussitôt que le Général l'eut félicité pour la reconstruction rapide de Stalingrad, Staline lui demanda en retour en quel état se trouvait l'industrie française. Le Général ayant expliqué longuement les efforts accomplis par son pays, évoqua les besoins de la France notamment pour son armée et déplora la lenteur que mettaient les États-Unis à répondre à ses demandes d'équipement. Staline lui répondit vertement qu'un pays ne devait compter que sur lui-même.

Puis on passa au sujet principal de l'entretien, le problème allemand. Le Général développa un thème qui lui était cher, les causes du désastre français de 1940. Selon lui, la définition malheureuse des frontières à

1. *Mémoires*, *op. cit.*, p. 648.

2. Cet entretien figure en compte rendu dans DDF II, 1944, p. 350-353.

Versailles n'avait pas apporté à la France les conditions de sa sécurité ; et il y ajouta un autre facteur de faiblesse du traité, l'absence de la Russie, alliée traditionnelle de la France, lorsqu'il fut négocié. C'est là un sujet sur lequel le Général revient à plusieurs reprises lors des entretiens avec Staline. La France et la Russie liées par une amitié traditionnelle, gage de leur sécurité, avaient été séparées en 1918, par la révolution et par la paix de Brest-Litovsk, si contraires à leur alliance et aux intérêts des deux pays, à quoi vint s'ajouter par la suite la non-application du traité de 1935. Les conséquences de ce divorce furent qu'au milieu du XXe siècle les deux pays durent faire face séparément à une Allemagne ressuscitée et conquérante. C'est la volonté d'en revenir à cette entente, indispensable à leur sécurité, qui a conduit le général de Gaulle, il le répète à plusieurs reprises, à mettre en avant un ensemble de propositions claires pour l'Allemagne. Ce qui rendait le climat de ces entretiens si étrange, souvent difficile à déchiffrer tant les arrière-pensées des deux interlocuteurs étaient présentes, est que Staline – en dépit de sa froideur, voire de son mépris à l'égard de la France manifesté le 2 décembre – et de Gaulle n'ont cessé de mettre en avant le soutien que l'URSS a apporté à la France pour lui permettre de s'inscrire dans le camp des vainqueurs. C'est à Staline, rappellera de Gaulle, que la France doit d'avoir été intégrée dans la Commission consultative. Pour sa part, Molotov rappelle au ministre français des Affaires étrangères, lors de leur séance de travail du 5 décembre[1], qu'à Dumbarton Oaks, où furent débattus les problèmes de

1. Texte intégral dans DDF II, 1944, p. 375-389.

la sécurité collective, l'URSS obtint pour la France le statut de membre permanent du Conseil de sécurité. Dans les deux cas, Conseil de sécurité et Commission consultative européenne, les États-Unis s'étaient fermement opposés à toute concession à la France, et les représentants de Washington n'avaient cessé d'y insister, car, disaient-ils, la défaite de 1940 et le régime de Vichy condamnaient la France à figurer parmi les vaincus, ce qui rendait impensable sa participation à l'organisation du monde d'après-guerre.

L'insistance de la partie soviétique à souligner ce que la France devait à son soutien n'a eu d'égale, lors de ces entretiens, que l'habileté du général de Gaulle à lier les sentiments de gratitude qu'il exprimait à une mise en avant de la communauté historique des intérêts de sécurité franco-russe. Dialogue hypocrite sans doute, mais il explique que progressivement la question allemande ait pu passer au premier plan du débat.

Les revendications présentées pour la France par le général de Gaulle étaient précises – la Rhénanie devait être rattachée à la France et la Ruhr internationalisée. Staline répondit que tout dépendait de la sécurité des frontières. Et pour cette raison, la question des frontières occidentales de l'Allemagne ne pouvait être séparée de celle des frontières orientales, ce qui impliquait le rattachement de la Prusse-Orientale à la Pologne. De Gaulle n'objecta rien à cette exigence, même si son interlocuteur lui rappela, à propos des revendications françaises, que l'accord des deux autres puissances alliées était nécessaire à tout arrangement. En définitive, lors de ce premier entretien, Staline obtint l'accord de la France à la frontière Oder-Neisse, sans accorder à de Gaulle de contrepartie réelle. Mais en même temps, il insistait sur la négociation du pacte franco-soviétique, dont le progrès, assurait-il, ferait avancer toutes les autres questions. Staline dit : « Élaborons ensemble un pacte franco-soviétique afin que nos deux pays se prémunissent ensemble contre une nouvelle agression allemande. » Le sujet revint sur le tapis le lendemain. Après avoir assisté à la messe à Saint-Louis-des-Français, le Général retrouva Staline au déjeuner officiel qui lui était offert à la Maison des hôtes de l'État soviétique, à la Spiridonovka. Déjeuner qui rassembla, outre les deux chefs d'État, autour de Molotov qui y fit figure d'hôte, trois vice-ministres des Affaires étrangères, Dekanozov, Litvinov et Lozovski, ainsi que toute la délégation française. Ce jour-là, Staline affichait une belle humeur. Il porta d'emblée un toast à l'alliance franco-soviétique, « une alliance réelle et non une alliance à la Laval », insista-t-il, à quoi de Gaulle objecta qu'il n'était pas Laval et donc que le pacte s'engageait sous de tout autres auspices[1]. L'atmosphère était à la plaisanterie, mais les arrière-pensées politiques ne manquaient pas. Ainsi Staline lança-t-il le nom de Maurice Thorez qui, pour la France, était un déserteur. Le Général fronça les sourcils et Staline prit un ton conciliant : « Ne vous fâchez pas… je connais Thorez, à mon avis c'est un bon Français. À votre place, je ne le mettrais pas en prison… du moins pas tout de suite. » Mais l'essentiel était d'aboutir à un texte, ce à quoi s'employaient Bidault et Molotov. Cette atmosphère chaleureuse n'évita pas aux Français les tergiversations, et parfois des propos vexatoires. Soudain, Molotov arrêta la discussion, feignant l'inquiétude : « Qui pourrait ratifier

1. *Mémoires, op. cit.*, p. 649.

le pacte en France, puisque le gouvernement n'est que provisoire ? demanda-t-il. A-t-il quelque titre à engager une telle négociation ? » Et Molotov d'insister sur « les scrupules des juristes soviétiques » à cet égard. De Gaulle ne tomba pas dans le piège, signe qu'il y était préparé, et fit par la suite une réponse mi-plaisante, mi-sérieuse : « Vous avez bien signé un pacte avec Beneš. Or son gouvernement, que je sache, est provisoire. Au surplus, il réside à Londres[1]... » Confusion de Molotov, le problème de la ratification ne sera plus jamais évoqué.

Les réceptions se succédaient, à l'ambassade le 4 et le 5, à la Spiridonovka encore le 4 ; mais aussi les visites de la ville, du métro de Moscou, des usines, des concerts, rien ne manquait à un programme que de Gaulle trouvait souvent trop lourd car, rappelait-il, il était venu à Moscou pour parler de l'essentiel. Pour Staline, l'essentiel, c'est la Pologne et, après avoir fait accepter par son interlocuteur la frontière Oder-Neisse, c'est l'avenir politique de ce pays qu'il entend régler à sa manière. De Gaulle n'ignore pas cette ambition, il sait que la Pologne est le véritable enjeu du débat, il y est préparé, mais il n'a peut-être pas imaginé qu'il aurait affaire à un Staline si intraitable et passionné. La question vint à l'ordre du jour le 6 décembre au Kremlin. De Gaulle savait déjà, Bidault l'en avait averti, et lui avait redit avec insistance, que, pour Staline, « la question polonaise est décisive ». À la veille de cette rencontre du Kremlin, Molotov et Bidault s'étaient réunis, au Kremlin aussi, pour une séance de travail

1. DDF II, 1944, p. 382, et Charles de Gaulle, *Mémoires*, *op. cit.*, p. 651.

consacrée au pacte. Mais en ouvrant la discussion, et après avoir rappelé lourdement une fois de plus l'aide que l'URSS venait d'apporter à la France pour l'installer dans le club des vainqueurs, Molotov déclara que la question polonaise, où les points de vue de Paris et de Moscou différaient, devait être débattue d'emblée. « Ce serait utile pour le pacte », ajouta-t-il. Au terme d'une discussion où il se montra très insistant, Molotov, indélicat une fois encore, conclut : « Nous pensions que la délégation qui est actuellement à Moscou avait de larges pouvoirs, puisqu'elle a à sa tête le général de Gaulle, président du Gouvernement provisoire. Si, en 1939, nous avions pu nous entendre sur la Pologne, Hitler n'aurait pas envahi la France et l'URSS. Le rapprochement de nos positions relatives à la Pologne pourrait créer une base pour un pacte d'assistance mutuelle et en faciliter la conclusion. Si rien ne pouvait être fait en ce sens, cela éveillera au sein du gouvernement soviétique certaines appréhensions[1]. » Et Molotov conclut en précisant que Staline était prêt à reprendre la discussion avec le Général.

Lorsque les deux hommes se retrouvent le 6 décembre, de Gaulle est sur ses gardes et il attaque son interlocuteur sur la question polonaise en rappelant l'ancienneté des liens qui ont uni la Pologne et la France et l'importance de ces liens pour l'histoire de l'Europe. Piqué au vif, Staline réplique en se livrant à un véritable réquisitoire contre le gouvernement polonais de Londres, qu'il accuse de contempler passivement depuis la capitale anglaise le combat mené par l'Armée rouge et par des troupes indépendantes du

1. DDF II, 1944, p. 390-391.

gouvernement émigré pour libérer le sol polonais. Il accuse aussi ce gouvernement de porter la responsabilité du soulèvement de Varsovie et du succès militaire allemand qui en sera la conséquence alors que l'Armée rouge, qui n'avait pas été consultée, n'avait pu intervenir. Staline demande alors à de Gaulle de se dégager de la position anglo-américaine sur la Pologne – « qui évoluera, j'en suis certain », ajoute-t-il cyniquement – et de faire pression sur les Polonais afin de leur faire adopter ses vues. Le Général objecte que l'avenir du gouvernement de la Pologne est l'affaire des Polonais, que le suffrage universel leur permettra de manifester leur volonté. Il faut remarquer au passage une de ces passes d'armes qui caractérisent les échanges même les plus paisibles entre Staline et de Gaulle. Staline, voulant mettre en garde le général de Gaulle contre toute indulgence à l'égard des Polonais de Londres, évoque l'exemple du soutien anglais à Mihailović en Yougoslavie, concluant ainsi ce fâcheux parallèle : « Je redoute que la même chose n'arrive à certains Giraud et Laval au sein du gouvernement émigré à Londres. » Offusqué, le Général réagit un moment plus tard : « Il y a quelques différences entre M. Laval et le général Giraud. Celui-ci, quelles que fussent par ailleurs ses opinions, n'a jamais marché avec les Allemands. » L'entretien s'est achevé sans résultat réel, la question du pacte resta en suspens, mais le général de Gaulle en conclut pour sa part avec pessimisme que la résistance de Washington et de Londres aux pressions de Moscou en Pologne et, plus largement, dans toute l'Europe centrale et balkanique ne serait probablement pas de longue durée. Il en conclut surtout : « Staline va tâcher de nous vendre le pacte contre notre approbation publique de son opération polonaise[1]. »

Le 6 au soir, tout paraît bloqué, mais, dès le lendemain, comme le relève le si talentueux mémorialiste qu'était de Gaulle, la comédie qui se déroulait depuis trois jours connut un de ces rebondissements que la politique assure souvent à ses fidèles. Ce rebondissement, ce fut l'entrée en scène de Churchill avec une étonnante proposition. À six heures du matin, le Premier ministre anglais avait envoyé un télégramme à Staline lui proposant un projet propre à dénouer la situation : élargir le pacte franco-soviétique, apparemment voué à l'échec, à une dimension anglaise. Le pacte anglo-soviétique signé en 1942 pourrait être, proposait Churchill, ajouté à l'accord entre Paris et Moscou permettant par cette structure tripartite de former un solide triangle Moscou-Londres-Paris qui pourrait résoudre bien des problèmes européens. Bidault fut informé de la proposition de Churchill par Molotov. Elle lui inspira une réaction gaullienne : « Cette proposition n'entraîne-t-elle pas une certaine *infériorisation* de la France ? Dans un pacte tripartite où la partie anglaise s'est installée depuis 1942, la France ne serait-elle pas un acteur de seconde catégorie ? » La réaction du général de Gaulle fut beaucoup plus indignée. Comment Churchill pouvait-il oser intervenir dans une discussion franco-soviétique en s'adressant directement à Staline et en ignorant la France ? Il réduisait ainsi la France à un statut inégal, supposant qu'il y avait dans cette négociation un *petit* – la France – à côté des deux *grands*. Toute

1. *Mémoires*, *op. cit.*, p. 657.

l'entreprise gaullienne d'affirmation orgueilleuse du statut, du *rang* de la France, nation égale aux autres grands acteurs de la victoire, membre du club des vainqueurs à part entière, se trouvait par là même mise en cause et, qui plus est, par le premier de ses alliés. Dans ses *Mémoires*, le Général ajoute toute une argumentation justifiant le rejet de la proposition de Churchill. À cette proposition qui offense la France, il oppose qu'une alliance directe, bipartite, franco-soviétique, serait plus opérationnelle face au danger allemand qu'une alliance incluant un pays qui ne serait pas directement menacé par ce danger, ce qui est le cas de l'Angleterre. Pour des raisons géographiques, la réaction anglaise ne serait ni spontanée ni immédiate. « En outre, écrit-il, avant d'inclure Londres dans une alliance, il faudrait régler les problèmes fondamentaux qui opposent la France et l'Angleterre, non seulement le Rhin, mais aussi les questions d'Orient et combien d'autres[1]. »

Tout cela, de Gaulle le dit à Staline, dès le lendemain, au Kremlin. Ils se rencontrent une nouvelle fois le 8 décembre pour ce qui « devait être, écrit le Général, une ultime séance de travail[2] ». Il s'y rend en compagnie de Bidault, Garreau et Dejean, tandis que Staline est entouré de Molotov et Bogomolov. Étonnante réunion ouverte par une vigoureuse intervention du général de Gaulle qui expose d'entrée ses préoccupations prioritaires. Tout d'abord, la question

1. *Ibid.*, p. 654-655, et entretien de Gaulle-Bogomolov du 7 décembre. Procès-verbal papier, Burin des Roziers, DDF II, 1944, p. 410-411.
2. DDF II, 1944, p. 419-423.

allemande. Il répète les exigences qu'il a déjà formulées, sa volonté d'aboutir à la signature du pacte franco-soviétique. Mais il réitère sur ce point son opposition à une construction tripartite, lui opposant le projet souhaitable, un système à trois étages, un pacte franco-soviétique, un pacte anglo-soviétique et un pacte franco-britannique, le tout devant être couronné d'un système de sécurité collective incluant les États-Unis. Dans un premier temps, Staline réagit sèchement, vantant les mérites du pacte tripartite. Soudain, il baisse le ton, déclarant qu'un pacte à deux ou à trois est en définitive une question secondaire et de peu d'intérêt. Il est disposé, dit-il, à ignorer la proposition de Churchill. « Ce qui nous importe, l'intérêt essentiel de la Russie, c'est la question polonaise. Nous ne pouvons admettre une Pologne qui tantôt marche contre Moscou, tantôt contre l'Allemagne (…) Faites un arrangement avec Lublin et nous pourrons faire un pacte avec vous. » Le marché est clairement posé. Un malentendu lié à une interprétation peu claire de la conversation marque au demeurant la fin de l'entretien. Le général de Gaulle en retient que Staline souhaite un pacte tripartite avec un arrangement officiel entre la France et le comité de Lublin. La France aura à traiter avec ce gouvernement pour échanger des représentants officiels et régler la question des prisonniers français retenus en Pologne. Le général de Gaulle rétorque que s'il est prêt à nouer des contacts avec Lublin, il refuse, et il l'assure une fois pour toutes, de leur donner un caractère officiel. Il rompt l'entretien sur ce malentendu bien que Staline ait tenté de l'apaiser. Alors que de Gaulle rappelle sèchement qu'il entend quitter Moscou le 10, traité signé ou non, Staline, bonhomme, lui rappelle quant à lui qu'il offrira ce jour-là un dîner en son honneur. Bidault se fait préciser par Molotov, avant le dîner du 10 et avant la rencontre avec le régiment Normandie-Niémen, que le Général passe en revue, quelle forme de pacte – bi ou tripartite – Staline retient en dernier ressort. La réponse est claire, il s'agit bien, selon le vœu du Général, du seul pacte franco-soviétique, même si, comme l'a déclaré fort peu élégamment Staline la veille : « Peu m'importe que Churchill en soit offensé. » Ainsi, le malentendu est levé.

Durant cette journée, dont le « climat politique fut particulièrement lourd » selon le Général, la question polonaise resta au premier plan des esprits et des agendas. Le Général dut recevoir à l'ambassade, car ils l'avaient instamment demandé, les principaux membres du comité de Lublin, le président Bierut, M. Morawski, qui faisait fonction de ministre des Affaires étrangères, et le général Rola Zymierski, responsable de la Défense. Tous trois insistèrent sur leur souhait que la France « amie de toujours de la Pologne » reconnaisse le comité de Lublin et échange avec lui des représentants diplomatiques. Le général de Gaulle adopta un ton conciliant, alors qu'il ne dissimule pas dans ses *Mémoires* combien le caractère pro ou proto-soviétique de ces dignitaires polonais l'exaspérait, pour dire qu'il enverrait volontiers à Lublin le commandant Christian Fouchet afin d'ouvrir un dialogue. Mais il resta ferme dans son refus de donner à cette mission un statut protocolaire, ce qui conduisit à une quasi-rupture avec la délégation de Lublin. Étienne Burin des Roziers commentera sévèrement cette rencontre : « Le général de Gaulle a eu l'impression d'avoir affaire à de petites gens manquant de dignité, récitant des leçons apprises et n'étant animés d'aucun souffle véritablement national. » Quelques heures plus tard, l'entretien qu'eut Georges Bidault avec le ministre soviétique des Affaires étrangères renforça l'impression défavorable qu'avaient produite sur le général de Gaulle ses interlocuteurs polonais et plus encore les pressions soviétiques qui allaient être renouvelées. Molotov remit en effet à Bidault un projet de communiqué entièrement rédigé, annonçant l'échange de représentants officiels entre Paris et Lublin. Pouvait-on imaginer pression plus nette[1] ?

Les propos de l'ambassadeur des États-Unis, Averell Harriman, et du chargé d'affaires britannique que le Général avait conviés à l'ambassade ne furent guère plus conformes à ses vues. Ayant exposé à ses invités la teneur des entretiens qu'il avait eus avec Staline, et expliqué sa position si ferme à l'égard du comité de Lublin, le général de Gaulle entendit, sans surprise, il le notera, Harriman dire : « Quant à nous, Américains, nous avons pris le parti de jouer la confiance vis-à-vis de Moscou. » Staline lui avait déjà laissé entendre qu'il comptait sur la compréhension de Londres et de Washington dans cette difficile affaire. Même si rien n'avait été encore explicité, le Général pouvait pressentir qu'il serait un jour seul à défendre les Polonais.

Puis ce fut le dernier soir, celui du dîner offert par Staline au Kremlin. Ce dîner, qui a été souvent raconté par de nombreux mémorialistes, mérite pourtant d'être décrit. Il eut lieu dans la magnifique salle Catherine, en

1. *Mémoires, op. cit.*, p. 656, et procès-verbal papier de la rencontre, Burin des Roziers, DDF II, 1944, p. 429-432.

présence d'une quarantaine d'officiels soviétiques, de la délégation française et des deux représentants américain et britannique à Moscou. Staline était flanqué à sa droite du général de Gaulle et d'Averell Harriman à sa gauche. L'étalage arrogant de luxe, la somptuosité du repas ne firent pas une très bonne impression sur le général de Gaulle dont l'austérité était bien connue. L'atmosphère était « assez froide », si l'on en croit le rédacteur du rapport adressé au Quai d'Orsay. Staline s'entretint d'abord avec le Général de sujets militaires. On doit à ce dîner un nouveau portrait de Staline par de Gaulle, révélateur de l'impression que le Général retirait de leurs multiples rencontres. Ce portrait est plus sévère que celui, quelque peu amusé, qu'il avait esquissé après leur première entrevue du 2 décembre. « Il se donnait l'air d'un rustique d'une culture rudimentaire, appliquant aux plus vastes problèmes les jugements d'un fruste bon sens. Il mangeait cependant de tout et se servait force rasades d'une bouteille de vin de Crimée qu'on renouvelait devant lui. Mais sous ces apparences débonnaires, on discernait le champion engagé dans une lutte sans merci. D'ailleurs, autour de la table, tous les Russes, attentifs et contraints ne cessent pas de l'épier. De leur part, une soumission et une crainte manifestes, de la sienne une autorité concentrée et vigilante. Tous les participants sont aux aguets[1]. »

Le Général a bien perçu qui était Staline et la nature terrible de ses rapports avec ceux qui l'entouraient et qu'il terrorisait. Puis vint le cérémonial des toasts, interminable et tout aussi terrifiant. Après un début

1. *Mémoires, op. cit.*, p. 660.

convenable, puisque Staline porta des toasts à son hôte d'honneur et aux étrangers présents salués tour à tour, ainsi qu'à l'armée française et au régiment Normandie-Niémen, vint la suite : de terribles toasts dont Staline était coutumier, et qui étaient tous porteurs d'une menace implicite pour le bénéficiaire. Combien de témoins – dont Djilas plus tard – en ont fait le récit et l'analyse quasi scientifique ! Parfois, la menace était précise. Ainsi lorsqu'il leva son verre à la santé du maréchal Novikov, Staline, après avoir, comme il se doit, détaillé ses mérites, conclut : « Et s'il ne travaille pas bien, nous le ferons pendre. » Certes, ajoute-t-il en s'esclaffant, les Français étaient peut-être surpris par ses propos, « mais n'a-t-on pas le droit de s'amuser ? ». Le Général ne goûta guère la plaisanterie. Quant aux Soviétiques, ils étaient tous payés pour savoir que l'humour de Staline était toujours morbide.

Puis il fut décidé que le moment était venu d'en revenir à la discussion sur le pacte qui avait semblé jusqu'alors oublié. Les diplomates s'isolèrent, le Général s'inquiétait de possibles concessions de ses collaborateurs, tandis que Staline s'impatientait et criait : « Ah ! ces diplomates, tous des bavards, pour les faire taire, il n'est qu'un moyen, les abattre à la mitrailleuse » et, pour illustrer son propos, il pria Boulganine de lui apporter une mitrailleuse. Le Général était, il l'a écrit, exaspéré de tant de bouffonneries. Il dut cependant suivre Staline dans une salle voisine pour y voir un film de propagande projeté en son honneur. L'invasion allemande de l'URSS, la résistance acharnée du « peuple russe », rapporte de Gaulle – qui qualifie toujours les Soviétiques de Russes – débouchent dans ce film sur la défaite et la révolution allemandes. Staline lui lance alors une pique : « Je crains que la fin ne déplaise à Monsieur de Gaulle », mais le Général, impassible, réplique : « Votre victoire me plaît, d'autant plus que dans la vraie guerre les choses se sont passées différemment entre vous et les Allemands. » Staline n'y réagit pas, comment l'aurait-il pu d'ailleurs ?

Le Général, ayant constaté, après un bref entretien avec Bidault, que la négociation butait toujours sur le communiqué commun lié par les Soviétiques à l'accord sur le pacte, décida d'en finir. Il se leva brusquement et annonça son départ au désarroi de son hôte, qui tenta de le retenir en lui proposant d'assister à une nouvelle projection. « Un film gai », ajouta-t-il pour le convaincre. Le général de Gaulle s'obstina dans sa volonté de mettre fin à ce qu'il tenait pour une comédie inutile. Il était d'ailleurs minuit passé. Il retourna à l'ambassade en emmenant Bidault, par crainte que celui-ci ne fasse preuve de faiblesse après son départ et ne cède aux pressions soviétiques.

Dès lors, commença une nouvelle comédie. Confortablement installé à l'ambassade, le Général attendait de voir l'effet de sa sortie spectaculaire, convaincu, il l'a écrit, que la volonté de Staline d'obtenir quelque résultat de la rencontre serait plus fort que le souci de l'emporter en tout. Son calcul était juste. À deux heures du matin, on lui apporta un nouveau projet de communiqué qui commençait ainsi : « Le Gouvernement provisoire de la République française et le Comité polonais de libération nationale ont décidé d'échanger des délégués. » Ce texte soumis au Général ne lui convenait pas davantage que les précédents. Il ne pouvait pas accepter une rédaction suggérant qu'un accord officiel était à la base de l'échange de délégués.

Alors il propose que l'on s'en tienne à un simple constat : « M. X est arrivé à Lublin comme délégué du Gouvernement provisoire de la République française », « M. Y est arrivé à Paris comme délégué du Comité polonais de libération nationale ». À ces phrases qui ne l'engageaient guère, le Général ajouta une condition portant sur la date. Il exigea que la publication du communiqué soit dissociée de l'annonce du pacte prévue dès sa signature, c'est-à-dire le 10 décembre, si l'on parvenait à conclure. Les Soviétiques voulaient que les deux annonces soient concomitantes, mais le Général, toujours aussi obstiné, refusa et finalement obtint gain de cause. Pourquoi ? On y reviendra.

Staline et le général de Gaulle décidèrent alors, chacun de leur côté, d'assister à la signature du pacte qui devait avoir lieu peu avant cinq heures du matin, dans le bureau de Molotov[1]. La nuit s'acheva comme elle avait commencé, par un nouveau et plantureux repas, bien plus chaleureux que le premier. Staline s'y montra plaisant, félicita de Gaulle de sa capacité à lui résister et multiplia les toasts à la France et à la Pologne *démocratique*. Le général de Gaulle écouta, de marbre, cette profession de foi, mais, au fond de lui-même, il était effaré par le cynisme et l'aptitude de Staline à se moquer de tous ses interlocuteurs. Il conclut d'ailleurs par une touche cruelle son récit de la séparation avec Staline : « Avec les miens je quittai la pièce. Me retournant sur le seuil, j'aperçus Staline, assis seul à table. Il s'était remis à manger. »

Il quitta Moscou quelques heures plus tard, repassant par Téhéran, Le Caire, Tunis pour regagner Paris le

1. Voir le texte du pacte en annexe I, p. 261.

16 décembre, après cette très longue absence. Et il se demandait avec une certaine anxiété comment la France réagirait à ce pacte si péniblement mis au monde.

La réaction française y fut dans l'ensemble très favorable. Le débat fut ouvert à l'Assemblée consultative le 21 décembre par Bidault et conclu par le Général en personne. Tous deux présentèrent le pacte, c'est-à-dire « l'alliance franco-russe dans la continuité d'une politique française soucieuse de sa sécurité ». Le Général précisa : « Pour la France et la Russie, être unies, c'est être fortes, se trouver séparées, c'est se trouver en danger. En vérité, il y a là comme un impératif catégorique de la géographie, de l'expérience et du bon sens. » Ces propos furent accueillis chaleureusement. L'opinion adhéra en majorité à cette appréciation qui témoignait que la France avait, grâce à de telles négociations, retrouvé dans le monde une place indiscutée. Quant au Parti communiste, dont l'influence était grande alors sur la classe ouvrière et sur une partie du monde intellectuel, il ne pouvait manquer de soutenir une politique qui lui rendait sa respectabilité et aussi ses figures de proue. Thorez put en effet rentrer en France. Sans doute, à droite, quelques personnalités politiques et des organes de presse s'inquiétaient-ils de l'autorité que le PCF, déjà si influent dans la politique française, ne manquerait pas d'en retirer. Mais en définitive, ses compatriotes furent convaincus que le général de Gaulle avait défendu avec succès à Moscou la place et l'influence de la France dans le monde.

Quelle impression et quel souvenir de Gaulle laissa-t-il à son interlocuteur du Kremlin ? Si celui-ci avait su par moments faire preuve d'amabilité, voire de chaleur, à son égard, s'il avait applaudi « à sa fermeté », il lui faut peu de temps pour livrer de tout autres sentiments. Peu après le départ de son invité, il se répandit en propos acrimonieux à son égard, soulignant l'entêtement du général de Gaulle, son orgueil et sa propension, ô combien exagérée, à prétendre que la France avait été un acteur de la victoire remportée sur l'Allemagne[1].

La question essentielle, au-delà des jugements des uns et des autres, est celle du résultat obtenu à Moscou par le général de Gaulle et des concessions qu'il aurait faites ou non à Staline. C'est ici que les appréciations divergent. Le pacte franco-soviétique était-il avantageux pour la France ? En apparence, l'avantage était réel, il semblait consacrer la reconnaissance de la grandeur et du prestige français. Ce pacte semblait aussi indiquer que les exigences françaises envers l'Allemagne d'après-guerre – contrôle de la Ruhr, les frontières occidentales déplacées – étaient acceptées par Moscou. De Gaulle avait-il obtenu tout ce qu'il réclamait ? Certes, en acceptant sans barguigner la frontière Oder-Neisse, il entendait que soient reconnues et acceptées en échange ses exigences à l'Ouest. Il pouvait aussi penser qu'en 1944 Staline n'était pas hostile à sa conception d'une Allemagne « morcelée ». Le 8 décembre, il avait dit à Staline : « L'État ou les États allemands ne doivent plus jamais exercer à l'ouest du Rhin aucune souveraineté, sous aucune forme[2]. » L'avenir montrera que Staline ne partageait

1. Cité par Edward Stettinius, *Yalta, Roosevelt et les Russes*, Paris, 1951.
2. DDF II, 1944, p. 419.

pas vraiment les certitudes du général de Gaulle sur le bien-fondé d'une dislocation de l'Allemagne ou qu'il n'y adhéra pas longtemps Très vite, il reprendra à son compte les vues de ses deux grands interlocuteurs anglo-américains sur ce sujet.

Mais la question la plus importante reste celle qui concerne la Pologne. Le Général répétera toujours qu'à Moscou il avait refusé de céder aux exigences de Staline, qu'il avait refusé de reconnaître la légitimité du gouvernement de Lublin. Lorsqu'il évoque les heures tendues de la nuit du 9 décembre, où ses interlocuteurs soviétiques tentent avec les arguments les plus divers de lui arracher un *accord* sur l'échange officiel de délégués, ce qui eût signifié la reconnaissance du gouvernement de Lublin, le Général multiplie dans ses *Mémoires* les phrases fortes : « Quant à moi, bien résolu à l'emporter », « Je ne doutais guère de la suite ». Ces phrases suggèrent que la position française, si ferme, l'a emporté. En réalité, la position française était ferme dans la forme – les délégués échangés entre Paris et Lublin n'avaient pas de statut *officiel*, le mot manquait – mais dans la pratique, un caractère officiel leur fut aussitôt conféré. On le vit à la manière dont Christian Fouchet fut accueilli en Pologne, comme un véritable représentant de la France. Jean Laloy, qui ne quitta pas le Général durant tout ce séjour, et jugeait en spécialiste de ce qu'il avait entendu, a porté par la suite un jugement sévère sur ce qu'il présente comme « les abandons » du général de Gaulle. Il affirme, dans un long article, que la France avait probablement une marge de manœuvre plus grande que de Gaulle ne l'imaginait et qu'il ne l'a pas mise à profit. Il dit aussi que les négociations ont été faussées par la volonté du général de Gaulle de revenir en France avec un traité signé en bonne et due forme. Et Laloy écrit : « On aurait pu se contenter d'un communiqué ou d'une déclaration commune manifestant le rapprochement franco-soviétique[1]. » Par ailleurs, Laloy reproche au général de Gaulle d'avoir été trop dépendant d'une conception dépassée de la sécurité de la France, tout autant que de l'Allemagne et de la Russie, pays qu'il voyait toujours au miroir du XIXe siècle et non à celui des lendemains de la Seconde Guerre mondiale.

Sans doute sa position d'observateur privilégié incite-t-elle son lecteur à le croire sur parole et à admettre que Staline, voulant à tout prix lui arracher ce pacte, aurait supporté de discuter et négocier avec de Gaulle. Mais cette idée développée avec force par Jean Laloy part d'un présupposé : que Staline attachait plus d'importance au pacte qu'au statut du gouvernement de Lublin. Rien ne le prouve. Tout au contraire, l'acharnement de Staline à arracher au général de Gaulle une quasi-reconnaissance du gouvernement de Lublin durant ces jours si tendus, n'était-ce pas le témoignage de l'importance que Moscou attachait au cas polonais ? En cet hiver 1944-1945, les Polonais sont en effet loin de se soumettre aux vues de Moscou. L'insurrection de Varsovie l'a prouvé, le prestige du gouvernement de Londres est grand et Mikołajczyk, son chef, dispose alors de soutiens extérieurs très actifs. La France est, et le Général n'a cessé de le dire, l'alliée traditionnelle de la Pologne. Il eût suffi que la France déclare son soutien

1. Jean Laloy, « À Moscou entre Staline et de Gaulle », art. cité, p. 149.

au gouvernement de Lublin pour que la légitimité de ce dernier soit presque incontestable. On comprend combien un tel soutien eût simplifié la politique de soviétisation de la Pologne que Staline entendait mener à bien.

Ce qui est plus que tout sujet à caution dans le jugement sévère de Laloy, et qui est pourtant adopté sans nuance par un historien aussi rigoureux que Jean Lacouture, c'est sa conclusion : « Même si de Gaulle n'a fait que de petites concessions, un premier pas en ce sens fait par un pays non communiste revêt une importance considérable. Et en échange de quoi ? D'un pacte où rien n'est dit qui ne soit inscrit dans les faits : que les deux pays combattent jusqu'à la victoire finale, qu'ils ne signeront pas de paix séparée, qu'ils coopéreront au sein de l'Organisation des Nations unies, plus de mots que de grain[1]. »

Ce jugement rigoureux, sans appel, que Lacouture entérine correspond certes au contenu de l'accord passé, même si de Gaulle a apporté un bémol au statut des délégués échangés entre Paris et Lublin, mais il ne prend pas en compte un élément essentiel, la situation de l'Europe à ce moment précis et les gestes déjà accomplis par d'autres États. En décembre 1944, les troupes soviétiques, si elles n'ont pas encore écrasé l'Allemagne, campent dans tout l'Est européen et chaque pays qu'elles occupent doit s'adapter à leur présence et à leurs exigences. Par ailleurs, le 1er novembre 1944 déjà, Étienne Burin des Roziers informait le général de Gaulle que, d'après ses informations, l'administration américaine qui s'installerait au

1. Jean Lacouture, *op. cit.*, p. 95.

lendemain des élections présidentielles « se prononcera vraisemblablement en faveur du comité de Lublin[1] ». Et il posait la question : « Le moment n'est-il pas venu pour la France de prendre contact avec les Polonais de Lublin ? Ceux-ci ont récemment accrédité un représentant à Londres. » Du côté anglais, l'attitude à l'égard des Polonais de Londres et de Lublin évolue aussi. Dans un télégramme à son ministre le 28 octobre, l'ambassadeur de France à Londres évoquait les conclusions que Churchill avait tirées de son voyage à Moscou s'agissant du conflit entre les deux gouvernements polonais concurrents : « Il ne saurait être question pour le gouvernement polonais de Londres, ni même pour la majorité de ses membres de rentrer en Pologne[2]. » Churchill proposait dès ce moment que Mikołajczyk seul rentre dans son pays pour former un gouvernement qui pourrait être reconnu par l'URSS, c'est-à-dire, lorsqu'« on se réfère à la position très ferme de Moscou en y intégrant l'essentiel du gouvernement de Lublin ». Ce sera, comment l'ignorer, la manière mise en œuvre par Moscou pour soviétiser pleinement la Pologne peu après.

À lire ces textes, on constate qu'avant son départ pour Moscou le général de Gaulle était déjà informé et par là même conscient de la difficulté qu'il aurait à s'opposer aux exigences de Staline sur la question polonaise. Il savait aussi que la reconnaissance du gouvernement de Lublin était déjà entrée dans les esprits à

1. Note Burin des Roziers pour le général de Gaulle, DDF II, 1944, p. 192-193.
2. Télégramme de Massigli à Bidault, 28/10/1944, DDF II, 1944, p. 181.

Washington et à Londres. En allant à Moscou, il avait pour but premier de rompre l'isolement de la France ; allait-il, en adoptant une position héroïque, intransigeante sur la Pologne, et vouée à l'échec, se priver du soutien soviétique et être à court terme désavoué par Washington et Londres, comme le prédisaient tous les messages des représentants français dans les deux capitales ? Ceux qui l'ont accusé d'avoir sacrifié la défense de la Pologne libre pour signer le traité, ou encore, comme le diront certains, pour « complaire à Staline » et s'assurer à l'intérieur la paix avec les communistes, passent toujours sous silence le constat que, dans les faits, la question polonaise était déjà en passe d'être réglée conformément aux vœux de Staline. Certes, de Gaulle eût pu, par son refus d'y souscrire, installer la France dans une position honorable, mais de quelle efficacité eût été un tel défi ? Le poids réel de la France, surtout aux yeux de Staline et quoi qu'en ait prétendu le général de Gaulle, enlevait toute signification à un combat désespéré pour la liberté de la Pologne. Plutôt que de voir dans le comportement du Général de la faiblesse ou de l'opportunisme, ne faut-il pas y voir le réalisme dont il a très souvent fait preuve, même s'il le dissimulait sous un discours de grandeur nationale[1] ?

Une autre dimension de la pensée du général de Gaulle doit être ici prise en compte, c'est sa vision de la place de l'URSS, c'est-à-dire de la Russie, dans l'histoire tragique de l'Europe du XXe siècle.

1. Burin des Roziers, « À propos du 40e anniversaire du pacte franco-soviétique », *Espoir*, n° 50, mars 1985, p. 65-66, réagit aux critiques de Laloy.

Le général de Gaulle a hérité d'une conception de l'équilibre européen et de la sécurité de son pays dans laquelle la relation franco-russe tient une place essentielle. La Russie a longtemps représenté dans la vision française, militaire surtout, l'alliance de revers indispensable pour assurer à la France les moyens de s'opposer à la puissance allemande. De Gaulle est convaincu, à la suite de nombreux historiens, que c'est l'affaiblissement de cette relation qui a permis à Bismarck de fonder l'unité de l'Empire allemand et a conduit au désastre de 1870. Mais cette alliance, qui avait permis à la France de résister aux assauts de l'armée allemande en 1915-1916 et coûté alors si cher à la Russie, de Gaulle l'a d'ailleurs dit à Staline, a été abandonnée au profit du monstrueux pacte germano-soviétique, ce qui a causé le désastre de 1940. Toute la vie militaire du général de Gaulle s'est déroulée sous le signe de l'alliance de revers franco-russe et de la conviction que la destinée d'une France forte en dépendait. Même s'il n'ignore rien de la réalité du système que Lénine a imposé à la Russie en 1917, le général de Gaulle est convaincu qu'au-delà du pays totalitaire, au-delà du système qui l'horrifie, il y a l'allié russe éternel et indispensable à la France. Il est aussi convaincu, il le sera toujours, qu'en dépit de la révolution russe la France doit retrouver cet allié russe pour neutraliser une Allemagne qui restera toujours son principal et plus dangereux ennemi. Le pacte franco-soviétique de 1944 s'inscrit donc pour le général de Gaulle dans la continuité d'une politique qui a toujours, à ses yeux, assuré la sécurité de la France, et peu en importe le prix.

À son retour dans la capitale, le général de Gaulle peut considérer avec optimisme le bilan de sa politique russe et de la relation établie avec Staline. Le dialogue noué au Kremlin, même s'il fut rude et souvent déplaisant, le pacte franco-soviétique signé, tout atteste qu'il a su se poser en égal de son interlocuteur et qu'il a restauré le *rang* de la France. Staline l'a reçu comme il avait reçu Churchill peu auparavant. Les aviateurs français sont présents sur le front de l'Est, nul ne peut contester que la France libre appartienne au camp des combattants, qu'elle a sa place dans le camp des vainqueurs.

La grande désillusion : Yalta

Il ne fallut guère de temps au général de Gaulle pour constater combien ce satisfaisant bilan était en réalité illusoire. Déjà à Moscou il pressentait que les trois grands alliés se préparaient à quelque marchandage où ils sacrifieraient la liberté des peuples, l'avenir de l'Europe et probablement la place de la France. Le coup lui fut porté très vite, c'était la conférence de Yalta, dont le projet fut révélé par la presse anglo-américaine en janvier 1945.

Grâce à quelques articles de presse, le monde apprit que les trois grands projetaient de se réunir en Crimée pour y débattre de mesures propres à mettre fin au conflit, des projets de règlement de paix et de l'Organisation des Nations unies. Sans doute un an plus tôt, en décembre 1943, les trois mêmes chefs d'État avaient-ils tenu un sommet à Téhéran et n'en avaient pas avisé le général de Gaulle. Mais en janvier 1945 il ne pouvait en aller de même. Le Général était alors à la tête du gouvernement français. Ses troupes, après s'être illustrées en Orient, sur le front de l'Est, avaient, contre la volonté de Roosevelt et des responsables militaires américains, lutté pour sauver Strasbourg, traversé le Rhin et combattaient sur le sol allemand. Que la France soit écartée d'une réunion où l'on allait débattre des problèmes de la guerre à terminer et de la paix à organiser, le général de Gaulle ne l'imaginait pas, et sa réaction ne se fit pas attendre. Ce fut son ministre des Affaires étrangères, Georges Bidault, qui adressa le 15 janvier au nom du Gouvernement provisoire de la République française un aide-mémoire aux gouvernements des trois grandes puissances pour leur rappeler le rôle joué par les armées françaises dans les combats menés contre l'Allemagne, et les ressources – portuaires notamment – que la France avait mises à la disposition des Alliés, et il conclut : « Indépendamment de tout motif de convenance politique ou morale, il apparaît donc opportun au GPRF de faire connaître que sa participation à de telles conférences [il s'agit de celle qui est annoncée en Crimée] est à ses yeux nécessaire pour ce qui a trait, aussi bien aux problèmes concernant la conduite générale de la guerre, qu'à ceux dont le règlement intéresse l'avenir de la paix, problèmes dans lesquels la responsabilité de la France est évidemment engagée[1]. »

Le général de Gaulle pensait, et il avait raison, que l'hostilité de Roosevelt à son égard était cause de son exclusion de la conférence de Yalta. Il s'en ouvrira à Massigli qui confirmera cette certitude. Au vrai, l'opposition à sa présence était commune aux trois grands.

1. Georges Bidault, le 15/1/1945, DDF I, 1945, p. 35-36.

Staline, malgré les propos aimables qu'il lui avait tenus à Moscou, ne voulait pas entendre parler de le convier et Churchill, à qui de Gaulle prête une attitude plus ouverte à son égard, s'était aligné sur Roosevelt pour lui fermer la porte du club des grands. Pour compenser son attitude, il dira à Anthony Eden qu'il entendait défendre personnellement les intérêts de la France à Yalta. Roosevelt voulut lui aussi donner un caractère plus acceptable à cette exclusion et il dépêcha pour ce faire au général de Gaulle, le 28 janvier – quelques jours avant la conférence –, son principal conseiller et ami, Harry Hopkins[1]. Commentaire désabusé du Général : « Il devait faire passer la pilule ! » Hopkins exposa au général de Gaulle les raisons de l'hostilité de Roosevelt, insistant sur la stupéfaction américaine devant l'effondrement français de 1940, mais aussi devant les querelles entre les chefs de la France libre. De Gaulle eut beau jeu de lui répondre que la France avait attendu un signal encourageant des États-Unis en 1940, que dans la Première Guerre mondiale aussi les États-Unis avaient mis du temps à venir à son secours et qu'à l'heure de la paix de Versailles la France s'était vu refuser les garanties nécessaires à sa sécurité. Le général de Gaulle poursuivit son réquisitoire en rappelant la longue indulgence américaine pour le gouvernement de Vichy et les réticences de Washington à fournir des équipements à l'armée française. Dans ce dialogue où de Gaulle était certes demandeur, où il voulait que Washington cesse d'ignorer la France, il se comporta comme toujours lorsqu'il pensait son pays offensé, de

1. Entretien de Gaulle-Hopkins, DDF I, 1945, p. 123-127, et Bidault-Hopkins le même jour, *ibid.*, p. 120-123.

manière brutale et arrogante, indisposant délibérément l'interlocuteur. Malgré cela, Harry Hopkins plaidera la cause de la France auprès de Roosevelt. Il fut soutenu dans son plaidoyer par Churchill et Eden pour arracher à un président américain réticent les concessions qui allaient rendre à la France un *rang* perdu en 1940. Churchill insista sur le fait que la participation de la France était indispensable si l'on voulait assurer la stabilité en Europe. C'est ainsi, qu'exclue du sommet de Yalta, la France en obtenait cependant des avantages réels. Un siège de membre permanent au Conseil de sécurité des Nations unies, dont la conférence inaugurale devait avoir lieu à San Francisco, le statut de membre de la Commission de contrôle qui devait siéger à Berlin et une zone d'occupation en Allemagne qui serait prélevée sur les zones britannique et américaine. Tout cela fut difficilement accordé à la France en dépit de l'hostilité exprimée par Staline et, à un moindre degré, grâce aux pressions de Hopkins, par Roosevelt. Ces concessions faites à la France signifiaient-elles que les trois grands lui reconnaissaient la possibilité de rejoindre le groupe des grandes puissances victorieuses ? Probablement non, et une anecdote difficile à vérifier illustre cette incertitude. Jean Lacouture, dans sa biographie du Général, rapporte que débattant du statut de *grand*, Staline aurait dit : « Il y faut cinq millions de soldats[1] », et Churchill, inquiet pour son pays, aurait rectifié : « Trois millions. » Une autre version de ce dialogue dont Lacouture, pour sa part, n'indique pas la source, est tirée de l'entretien qu'eut Staline avec le général Catroux, ambassadeur du Gouvernement

1. Jean Lacouture, *op. cit.*, p. 99.

provisoire en URSS, le 19 mars 1945, en présence de Molotov. On lira dans le procès-verbal de l'entretien : « Staline dit qu'il se souvient que durant la conférence de Crimée Churchill a dit en plaisantant que pour participer à une telle conférence il fallait disposer d'au moins cinq millions de soldats. Staline lui aurait répondu qu'il en fallait au moins trois millions[1]. » Quel est le propos exact ? Dans le télégramme de Catroux, qui relatait la même entrevue, on ne trouve aucune mention de cet épisode. Mais il figure *in extenso* dans un recueil de documents soviétiques[2]. Pour en revenir à la France, à la lumière de cette anecdote il faut rappeler qu'elle ne pouvait aligner alors dans les combats qui vont commencer sur le sol allemand que quelques dizaines de divisions.

Cet épisode assez coloré des échanges entre Alliés montre le caractère inattendu, miraculeux même, de l'admission de la France dans le club des grands. Il témoigne aussi de la difficulté de connaître les soutiens qui présidèrent à ce miracle. On sait que Churchill, évoquant la participation de la France à la Commission de contrôle, aurait plaidé en sa faveur parce que, dit-il, « cela la fera tenir tranquille, du moins un certain temps ». Ce qui témoigne du fait que l'obstination du général de Gaulle à revendiquer pour son pays la reconnaissance de son *rang*, de son statut de vainqueur, même si elle exaspérait ses interlocuteurs, était payante. Que serait devenue la France, qu'aurait été sa place dans le monde si elle

1. DDF I, 1945, p. 373-380 pour l'entrevue à laquelle se réfère Lacouture.

2. *Sovetsko-frantsuskie otnocheniia*, *op. cit.*, p. 295-296.

n'avait pas eu un tel représentant ? Cependant Staline ne voulut pas paraître comme l'adversaire obstiné de la France. Molotov se chargea d'en convaincre, dans la mesure du possible, le délégué du Gouvernement provisoire à Moscou. Celui-ci, Roger Garreau relatant à son ministre un entretien qu'il eut le 19 février avec Molotov, où il lui fit part du mécontentement du général de Gaulle pour l'exclusion de son pays du sommet de Yalta, eut la surprise d'entendre Molotov lui « assurer que son gouvernement aurait souhaité que la France fût présente à Yalta. Mais il se félicitait de ce que cette conférence, qui n'avait été qu'une suite et un complément de celle de Téhéran, eût fait apparaître aussi clairement la nécessité de rendre à la France une place égale à celle des trois autres grandes puissances dans le concert des Nations unies[1] ». Le général de Gaulle qui n'était pas naïf, contrairement à ce qu'ont dit certains de ses critiques, prêta d'autant moins de crédit aux propos et intentions aimables de Staline, qu'il lui avait fallu peu de semaines pour constater que celui-ci ne respectait pas la « déclaration sur l'Europe libérée » adoptée à Yalta et que la pression soviétique sur les pays d'Europe de l'Est se faisait chaque jour plus lourde. Le général de Gaulle s'inquiétait en outre du manque de fermeté des grands devant les empiétements soviétiques sur l'autorité des gouvernements de l'Europe libérée. Si les commentaires anglo-américains après Yalta avaient manifesté un certain optimisme sur ce chapitre, le général de Gaulle fut d'emblée convaincu que le résultat premier

1. Télégramme de Garreau à Bidault, 19/2/1945, DDF I, p. 226-227.

de Yalta était la reconnaissance de l'état de fait que Staline revendiquait.

À peine passée l'humiliation de Yalta, le Général dut constater qu'en dépit des assurances répétées des trois grands sur leur volonté d'associer la France à leurs conciliabules l'exclusion de Yalta allait se reproduire. En juillet 1945, les Trois se réunirent à Potsdam sans en informer une fois encore leur partenaire français. Les documents élaborés à Potsdam ne parvinrent à Paris que le 2 août. Le Général y trouva un nouveau motif de mécontentement, et pas des moindres. Il s'agissait de l'Allemagne. Il avait toujours plaidé pour une certaine division de ce pays or, au lendemain de la conférence de Potsdam, il découvrait que ses alliés avaient décidé, sans le consulter au préalable, de préserver l'unité allemande. De surcroît, il n'avait pas été tenu compte des revendications françaises sur la question des frontières occidentales de l'Allemagne. Le ministre des Affaires étrangères constata dans le télégramme adressé aux principaux postes diplomatiques français : « Le gouvernement a été informé purement et simplement de l'arrangement intervenu[1]. »

Le temps de l'éloignement

La France était aussi malmenée sur un autre point – de même que la Chine – puisqu'il fut décidé à Potsdam qu'elle ne pourrait être signataire des traités de paix conclus avec les États qui n'avaient pas été en guerre avec elle. Elle contesta cette décision – était-elle une puissance victorieuse ou ne l'était-elle pas ? – mais

1. Circulaire Bidault, 8 août 1945, DDF II, 1945, p. 238-242.

elle se heurta à un refus que Molotov justifia par une seule phrase : « C'est la volonté de Staline. » L'explication était de toute évidence sans appel. Cette manifestation d'hostilité à la France, cette volonté de réduire sa place dans le camp des vainqueurs, se heurta pourtant à la position anglaise, car Attlee, qui avait succédé à Churchill à la tête du gouvernement, se montra plus constant que son prédécesseur à défendre la position française. La France disposa aussi à ce moment du soutien américain, le nouveau secrétaire d'État Byrnes, nommé par Truman, s'efforçant de la réintroduire dans toutes les réunions, mais Staline était intraitable. Son opposition à reconnaître à la France le statut de vainqueur était renforcée par une dégradation visible de la relation bilatérale franco-soviétique. Le général de Gaulle, même s'il récusait toute responsabilité française dans les « abandons » de Yalta, s'inquiétait ouvertement des libertés prises par Staline en Pologne et dans les Balkans. Il s'inquiétait aussi des menaces que Staline faisait peser sur les intérêts français en Roumanie et en Bulgarie. Et il posait une question inévitable : que pesait au regard de cette relation dégradée le pacte franco-soviétique ? À quoi servait-il ?

C'est d'ailleurs le pacte et l'application de sa clause la plus contraignante, l'article 3, qui stipulait le déclenchement automatique des mesures de défense, qui va opposer Paris à Moscou, et tendre encore plus leurs rapports dans le conflit qui les oppose à propos de la conférence de San Francisco. On sait que le projet dont sortira la conférence de San Francisco avait été préparé, lors du sommet de Dumbarton Oaks, hors de la présence et sans consultation de la France. Fidèle à lui-même, le général de Gaulle, qui s'y intéressait personnellement, proposa un amendement, aussitôt rejeté par Moscou. Cela entraîna un regain de tension entre Moscou et Paris alors que leurs relations étaient fort tendues par le refus du général de Gaulle de voir figurer la France parmi les puissances invitantes à San Francisco. Une explosion de fureur de Staline s'ensuivit, il accusa de Gaulle, comme il l'avait déjà fait à Yalta, d'être un éternel empêcheur de danser en rond. Mais l'essentiel du conflit qui oppose en la circonstance de Gaulle à Staline était l'article 3 du traité franco-soviétique. Il faut rappeler ici que Jean Laloy l'avait fort critiqué, le jugeant dangereux pour la France, mais le Général y tenait. Il soutenait qu'il pouvait y avoir incompatibilité entre cet article qui était au cœur de la construction du traité franco-soviétique et certaines dispositions de la charte de San Francisco. Le Général demanda donc que ce point fût précisé pour garantir la possibilité d'appliquer l'article 3, alors que les diplomates soviétiques, tout en répétant que l'URSS était attachée au traité du 10 décembre 1944, déclaraient que les principes élaborés à Yalta et que consacrerait San Francisco étaient prioritaires. La position française l'emporta, au grand dam de Moscou où l'on déplora bruyamment ce coup porté à la relation franco-soviétique. Les échanges à venir entre Paris et Moscou en témoignent.

Dans un télégramme à son ministre[1], l'ambassadeur Bogomolov développa le thème d'une hostilité des milieux politiques français, du Quai d'Orsay et des administrations à l'URSS, « l'appareil de la France gaulliste est peuplée de vichystes et infiltré d'agents allemands ». Et Bogomolov ajoutait que cette hostilité était

1. *Sovetsko-frantsuskie otnocheniia, op. cit.*, p. 254-255.

partagée par l'opinion publique. Il voyait un signe indubitable de cette évolution de l'opinion française dans le fait qu'on ne parlait jamais en France du pacte franco-soviétique. Enfin, il expliquait que les communistes français étaient victimes de pressions et de limitations de leurs activités. À Moscou, l'ambassadeur Catroux tenta d'améliorer ce climat délétère en demandant une audience à Staline pour s'en expliquer. Leur rencontre eut lieu le 19 mars et elle ne changea rien à la situation[1].

À des incidents particuliers s'ajoutait un problème permanent qui opposait Moscou à Paris. La question du rapatriement dans les deux pays des prisonniers français et soviétiques n'avait cessé d'empoisonner leurs rapports. À la veille du voyage du général de Gaulle en URSS, un échange de notes portant sur les dispositions adoptées par les deux pays pour régler ce problème incita un bref moment à l'optimisme, avant une longue période de silence. Puis, le 29 juin 1945, un accord était signé à Moscou qui précisait les conditions de rapatriement des Soviétiques se trouvant en France et des Français se trouvant en URSS ou en Pologne. À cette date, des représentants soviétiques avaient pris le contrôle des camps où leurs compatriotes étaient rassemblés en France, mais en dépit de cela, le gouvernement soviétique accusa les autorités françaises de ne pas appliquer l'accord de rapatriement. Moscou reprocha à la France d'encourager des Soviétiques à fuir les camps et à refuser de rentrer dans leur pays. Il est vrai qu'un certain nombre de Soviétiques ne voulaient pas revenir en URSS où ils se savaient condamnés

1. Télégramme de Catroux à Bidault, 20/3/1945, DDF I, 1945, p. 373-377.

et, pour cela, tentaient de se réfugier au Canada, ou encore s'engageaient dans la Légion étrangère. Quant aux femmes, le meilleur moyen pour elles d'acquérir la nationalité française était le mariage avec des citoyens français. Elles furent nombreuses à épouser des Français. À Paris, les griefs n'étaient pas moins sérieux. On opposait à Moscou que les représentants soviétiques se livraient à de véritables chasses à l'homme sur le sol français pour récupérer leurs administrés, et, tout particulièrement, kidnappaient des femmes mariées à des Français. Par ailleurs, la France dénonçait régulièrement le peu d'empressement des Soviétiques à rapatrier les Alsaciens-Lorrains retenus sur le territoire russe. Si, vers la fin de l'année 1945, le conflit sembla s'apaiser, les ressentiments persistent des deux côtés. On en trouve la preuve dans le télégramme très pessimiste adressé à son ministre le 19 décembre 1945[1] par le général Catroux : « Les Soviets agissent comme si le pacte était caduc. » Et il y fait état d'un sujet qui préoccupe Moscou. Les Soviétiques dénoncent, note-t-il, « le soutien français à un bloc occidental ». Le général de Gaulle a démenti à maintes reprises l'idée qu'il fût séduit par ce supposé bloc. Mais si ce reproche n'était pas justifié, un véritable différend opposait Paris et Moscou, la volonté affichée du général de Gaulle de ne se lier ni à l'Est ni à l'Ouest. Cette position est devenue inacceptable pour Moscou, écrit le général Catroux. Et il juge les risques de rupture entre les deux pays si importants qu'il suggère à son ministre de venir à Moscou pour y négocier un traité d'alliance avec la Pologne. « Le maréchal Staline nous a conviés

1. DDF II, 1945, p. 935-938.

à conclure cette alliance dans le discours qu'il a prononcé après la signature du traité soviéto-polonais en marquant qu'elle compléterait le réseau de sécurité destiné à juguler l'Allemagne. »

Ce que propose ainsi le général Catroux, en prêtant une oreille bienveillante aux suggestions de Molotov, c'est que la France, « pour redonner vie au pacte franco-soviétique, le rattache, par un détour, au système des traités orientaux passés par le Kremlin au point de vue de la défense de ses propres intérêts ». Sans doute, le gouvernement polonais – gouvernement de Lublin « élargi » à Mikołajczyk, et en voie de soviétisation rapide – exprime lui aussi, à ce moment-là, le souhait de nouer avec Paris une relation qui ferait revivre le traité franco-polonais de 1921. Mais l'insistance du général Catroux à défendre cette thèse est avant tout révélatrice de son inquiétude devant le divorce qu'il constate dans la relation Paris-Moscou. Il voit juste ; le traité ne vivra plus longtemps.

Le général de Gaulle est alors sur le point de quitter le gouvernement, c'est fait le 21 janvier 1946, et la politique française à l'égard de l'Allemagne devient plus incertaine.

Pour définir une politique allemande, les successeurs du général de Gaulle devront prendre en compte l'isolement de la France sur la question allemande, le durcissement idéologique de Moscou et ses ambitions croissantes en Europe de l'Est, enfin l'opposition grandissante entre Moscou et Washington. La relation franco-soviétique de l'après-de Gaulle sera profondément affectée par ce climat international très tendu, tout autant que par l'effacement du général de Gaulle de la scène politique.

Dans sa retraite de Colombey, le général de Gaulle ne fut pourtant pas indifférent à l'évolution politique de son pays et du monde. Tout particulièrement s'il s'agissait de l'Allemagne ou de l'Europe divisée. La Communauté européenne de défense (ou CED) mobilise très tôt son attention. Il y est d'emblée hostile, parce que ce qui en était le cœur, le projet d'armée européenne, heurtait toutes ses convictions. La défense nationale a toujours été pour lui une priorité et il l'appréhende au miroir de sa conception des rapports avec l'Allemagne. Mais sur ce point, il a beaucoup évolué en peu de temps. Alors qu'à la fin de la guerre l'Allemagne restait à ses yeux l'éternelle menace pesant sur la France, il comprend en 1954 la nécessité de s'entendre avec elle pour assurer la paix en Europe. Il prône dès lors un accord franco-allemand, mais un accord liant deux partenaires de statut inégal, la France devant être l'élément fort de cet ensemble, face à une Allemagne faible. L'idée d'une armée européenne intégrée, telle que la conçoit la CED, lui est inacceptable car l'Allemagne y retrouverait sa puissance. Le général de Gaulle craint aussi que cette structure commune ne soit édifiée au détriment de la souveraineté des États membres, ce qu'il tient pour une hérésie. À peine le gouvernement Pinay a-t-il signé en 1952 le traité de la CED que le général de Gaulle proclame son opposition. De 1952 à 1955, son opposition à la CED et aux négociations qui y conduisent ne faiblit pas et ses proches l'interrogent ; ne va-t-il pas décider de revenir dans l'arène pour faire échouer ce projet ?

Dans son opposition à la CED, le général de Gaulle peut constater qu'il est en accord avec Moscou. La diplomatie soviétique est, tout autant que lui, déchaînée contre la CED, puis après son échec contre les accords de Paris élaborés par Pierre Mendès France comme solution de rechange. La célébration du neuvième anniversaire du traité franco-soviétique de 1944 est accompagnée à Moscou par de grandes manifestations contre ces accords. Et à Paris, au même moment, au palais de Chaillot, des communistes français et des *compagnons de route* se rassemblent pour huer la politique de Mendès France. L'amitié franco-soviétique est prise pour mot d'ordre ou slogan des rassemblements de Paris et de Moscou, avec son symbole : le pacte de 1944. Partout on vilipende bruyamment le « revanchisme allemand » encouragé par les accords de Paris. Et partout on rappelle que le traité franco-soviétique est incompatible avec les accords de Paris, alors qu'il est essentiel à la sécurité de l'Europe. Les manifestants brandissent le drapeau rouge, et Molotov répète partout et tout le temps que le traité de 1944 est « la pierre angulaire de la paix en Europe ». Qu'en pense alors le signataire du traité de 1944 qui est, lui aussi, opposé fermement aux accords de Paris ? Ses fidèles, présents à l'Assemblée nationale, y portent son opposition, ils en donnent l'assurance à leurs interlocuteurs soviétiques au cours de diverses rencontres. L'ambassadeur de l'URSS à Paris, Vinogradov, s'active à organiser des rendez-vous avec les parlementaires gaullistes, tandis que Louis Joxe, qui représente la France à Moscou, est l'objet des pressions répétées de Molotov. Vinogradov rencontre le général de Gaulle le 9 décembre 1954. Le pouvoir soviétique essaie alors, en établissant ce contact direct avec le Général, de l'impliquer dans la définition d'une position commune. Mais on a sous-estimé à Moscou le caractère du général de Gaulle et ses réactions devant la politique soviétique. Le spectacle d'une Europe de l'Est totalement soviétisée a conduit le général de Gaulle au constat que sa volonté de tenir la balance égale entre l'Est et l'Ouest n'était plus tenable. L'URSS fait peser sur le monde libre un péril qu'il refuse d'ignorer. Mais il n'est plus au pouvoir, il ne peut exercer d'influence sur les décisions politiques.

Le général de Gaulle a compris que le traité de 1944 était sans objet. Et la suite des événements le conforte dans cette certitude. Le 7 mai 1955, l'URSS dénonce tout à la fois les pactes franco-soviétique et anglo-soviétique de 1944[1]. Mais cet événement, ou constat d'échec, dont les gouvernements français et soviétique s'accuseront mutuellement, passa inaperçu dans l'opinion publique. Qui se souvenait encore d'un pacte franco-soviétique qui n'avait pas eu de conséquences pratiques ? Le général de Gaulle, qui réévalue alors sa conception de l'Allemagne, du danger allemand et de la relation franco-allemande, a aussi les yeux fixés sur l'Algérie agitée. Et ses Mémoires font silence sur ce dernier épisode de la relation franco-soviétique.

1. Chantal Morelle, « La dénonciation du pacte franco-soviétique », in *De Gaulle et la Russie, op. cit.*, p. 178.

II

Le connétable et le moujik.
Le dialogue des égaux

En mai 1958, au terme d'une longue « traversée du désert », le général de Gaulle est de retour sur la scène politique française. Il avait prévu ce dénouement spectaculaire.

Deux ans plus tôt en effet, interrogé par le journaliste américain Cyrus Sulzberger sur l'éventualité d'un « recours au sauveur » par une classe politique en proie au désarroi, il lui avait répondu : « Oui, mais il faut qu'il s'installe un certain chaos. Ce régime a été fait contre moi, il ne peut donc appeler de Gaulle pour le sauver. »

Ce chaos, c'est en Algérie qu'il se déploie et l'armée en est alors l'acteur principal. On ne refera pas ici le récit si connu du 13 mai et des « complots » qui menacent la République, mais on en constate les conséquences. Le président Coty, convaincu que « le pays était au bord de la guerre civile », décida que son devoir était de faire appel au « plus illustre des Français », ce qu'attendait le général de Gaulle depuis sa retraite de Colombey.

Le 31 mai 1958, le Général est nommé chef du gouvernement et doté des pleins pouvoirs, comme il l'avait exigé. Le 21 décembre de la même année, il est élu président de la République. Entre-temps, une nouvelle Constitution, préparée à son intention, a été adoptée par référendum le 28 septembre, avec près de 80 % des suffrages d'un corps électoral qui avait voté en métropole et outre-mer de manière massive. En Algérie, la réforme constitutionnelle avait été approuvée de manière tout aussi massive et un seul sujet de l'Empire, la Guinée, l'avait rejetée, ce qui conduisit ce pays, un mois plus tard, à l'indépendance. La IVe République, dont le général de Gaulle n'avait cessé de dénoncer les tares et l'impuissance, n'existait plus.

Un monde transformé

Tout est nouveau du monde où le général de Gaulle se prépare à l'action. Et tout d'abord son propre statut. À la différence des années 1940-1945, il n'a pas à proclamer sa légitimité ni à la gagner jour après jour comme il dut le faire durant le temps de son étonnant combat pour incarner et représenter la France. En 1958, il est investi d'une autorité légitime par les institutions de son pays. Et il n'a pas à revendiquer le pouvoir, ce sont les plus hautes autorités de la République qui sont venues chercher dans sa retraite le plus illustre des Français. Le pays, consulté, a ratifié cette décision de façon spectaculaire.

Il n'aura pas davantage à se battre pour imposer son pays sur la scène internationale. À la France vaincue, humiliée, méprisée des années de guerre dont il s'était acharné à répéter qu'elle n'avait perdu qu'un combat mais restait puissance combattante, a succédé un pays restauré dans son statut de puissance.

La France est, en 1958, grâce à l'opiniâtreté passée du général de Gaulle, l'un des cinq membres permanents du Conseil de sécurité des Nations unies, c'est-à-dire un « grand », reconnu universellement comme tel.

Mais le monde est lui aussi transformé par rapport à celui que le général de Gaulle a quitté en 1946.

Tout d'abord, en Europe, l'Allemagne est de retour. Cet ennemi combattu par la France au cours de trois guerres, écrasé en 1945, divisé en deux parties et occupé par quatre grandes puissances, le général de Gaulle avait passionnément voulu en éviter la renaissance. « Les Allemands sont un grand peuple qui perpétuellement tend à la guerre, rêve à la domination », disait-il en 1944, et, pour éviter que ce peuple ne réalise un tel rêve, le général de Gaulle prônait la transformation de l'Allemagne en une confédération d'États – Jacques Bainville n'était pas loin –, que la Rhénanie en soit détachée afin qu'il n'y ait pas d'État allemand sur la rive gauche du Rhin, que l'Allemagne soit aussi privée de la Ruhr à qui serait donné un statut international et enfin que la Sarre soit rattachée à la France par des liens économiques. Or, de cette vision allemande du général de Gaulle, il ne reste rien. Depuis 1948, la République fédérale d'Allemagne a été reconnue ; en 1953, les accords de Paris ont mis fin à l'état de guerre, et la France était partie liée à ces accords, l'occupation du sol allemand par les troupes alliées prend donc fin. En 1957, la Sarre sera rattachée à une Allemagne qui est déjà membre de l'OTAN. Cette Allemagne reconstituée à l'opposé de ses vœux, le général de Gaulle, réaliste, s'en est très vite accommodé. Un an après que la République fédérale a été reconnue, il déclare que l'entente entre les peuples allemand et français s'impose, même s'il conserve une certaine méfiance à l'égard de ce voisin encombrant qui a sauvé sa position sur la rive gauche du Rhin. En 1958 au demeurant, nul n'imagine qu'une Allemagne réunifiée puisse un jour réapparaître. Mais cette situation est le reflet de l'Europe divisée et, sur ce point, le général de Gaulle peut, dès 1958, constater la justesse de ses intuitions.

L'« Europe de Yalta », car c'est ainsi qu'il considère l'espace *communisé* par l'URSS depuis 1945, et la domination soviétique sur les pays de l'est du continent, cette Europe divisée, la France, exclue de la grande conférence de Crimée, n'en est pas responsable. L'URSS y a imposé, contre la volonté des peuples, des systèmes politiques à l'image du sien qu'avait fondé Lénine en 1917, et une stricte soumission à son autorité.

Depuis lors, deux systèmes d'alliances militaires se font face en Europe, l'OTAN, créé en 1949, dont les États-Unis sont l'élément central, et le pacte de Varsovie, fondé en 1955 par l'URSS, qui l'a organisé et le gouverne.

Pourtant, le général de Gaulle a toujours douté de l'importance de l'idéologie dans la vie et l'évolution des peuples. Et il est peu convaincu de la capacité à durer de cet ensemble est-européen qu'il sait fondé sur la contrainte, la puissance militaire, et dont les liens idéologiques semblent à ce passionné d'histoire bien précaires au regard des volontés et des frustrations nationales.

Le monde qui l'entoure alors qu'il revient au pouvoir ne peut que confirmer ses convictions. En apparence, le monde est toujours constitué de deux blocs opposés, l'Ouest, rassemblé autour de Washington, et l'Est, autour de Moscou. Mais, dès 1953-1955, ce monde binaire connaît de profonds ébranlements, que le général de Gaulle perçoit.

La révolution chinoise de 1949 a apparemment renforcé le bloc communiste, et l'internationale des États ou mouvements communistes, rassemblés dans le Kominform né en 1947. Mais cette révolution annonce aussi l'émergence sur « la scène de l'histoire » de pays neufs, jusqu'alors exclus de tout rôle par leur statut de peuples dominés ou simplement par leur retard. Encore quelques années et cela va s'imposer à l'observation.

En 1955, vingt-neuf pays, dont certains n'ont pas encore accédé à l'indépendance, se réunissent en Indonésie, à Bandung, pour une première conférence afro-asiatique et proclament les dix principes de la *coexistence pacifique*. Ce que cette conférence apporte de neuf, de profondément révolutionnaire, c'est l'idée de *non-alignement*, d'une voie indépendante que chaque pays est libre de choisir, une voie neutre, ne dépendant d'aucun des deux grands blocs. Certes, en mai 1955, ces blocs semblent encore tout-puissants et les propos des participants de Bandung ne sont pas toujours entendus ou compris. Pourtant, ils mettent déjà en question les alignements imposés par les grandes puissances. Ainsi, Tito, qui est un bon communiste, se réclame aussitôt des principes élaborés à Bandung.

Mais l'ébranlement le plus visible, le plus déroutant, le plus inattendu se situe au cœur de l'Europe de Yalta, en URSS. En 1953, Staline meurt. D'emblée ses successeurs potentiels, terrifiés par la perspective de l'arrivée au pouvoir d'un nouveau Staline issu de leurs rangs, comprennent qu'il leur faut, pour s'en prémunir, composer avec un monde transformé. Et les mois qui suivent la mort du « guide suprême » sont marqués en URSS d'initiatives spectaculaires destinées à assurer un certain « dégel » : amnisties partielles, libération des « assassins en blouse blanche », concessions économiques. C'est surtout le temps des initiatives internationales qui bouleversent la situation existante. En 1955, l'Autriche était encore occupée en partie par les troupes soviétiques, dont nul n'espérait le départ, pourtant, elle retrouve alors sa souveraineté et son indépendance par une décision unilatérale de l'URSS. Pour les pays d'Europe de l'Est, le signal est puissant. N'est-ce pas la démonstration que le statut de 1945 est réversible ? Certes, l'Autriche bénéficiait déjà d'une situation particulière, puisque Moscou l'avait traitée en pays *libéré* et non en pays *ennemi* et que le communisme ne lui avait pas été imposé. Mais son retour à l'indépendance avec le statut de pays neutre n'était-il pas dans la ligne de la coexistence pacifique prônée à Bandung ?

De surcroît, en 1955 encore, Khrouchtchev s'était rendu à Belgrade pour faire la paix avec Tito. Le voyage de Belgrade pour le chef du Parti communiste de l'URSS, c'est l'équivalent de Canossa, car Tito excommunié par Staline, qui avait menacé de « l'écraser », avait exigé que ce soit Khrouchtchev qui vienne à lui et non l'inverse et que la rencontre soit située au niveau des Partis communistes et non des États. En effet, c'est au nom de la discipline communiste que Staline avait condamné le chef yougoslave. Et Tito obtient ce *mea culpa* du successeur de Staline.

Il en obtient surtout que celui-ci reconnaisse que, dans le conflit soviéto-yougoslave, tous les torts étaient du côté soviétique. Et il fait admettre par Khrouchtchev que dans le monde communiste chaque parti et chaque pays est libre de suivre la voie qui lui convient. Encore un succès du non-alignement ! Pour le reste de l'Europe soviétisée, le sens de cet accord était clair. C'était l'aveu que la domination exercée par Moscou sur les pays du bloc n'était pas légitimée par l'adhésion à une même idéologie.

Enfin, et c'est l'événement le plus considérable, celui qui déstabilisa définitivement l'Europe de Yalta, en février 1956, lors du XXe Congrès du Parti communiste de l'URSS, Khrouchtchev reconnut que le monde était transformé par la puissance remarquable du camp socialiste face à un monde capitaliste en déclin, et aussi par la montée des pays décolonisés ou en voie de l'être – Bandung encore – et que la conséquence en était qu'à la confrontation mortelle entre les deux blocs irréconciliables pouvait dès lors succéder la coexistence pacifique entre eux. Certes, cette coexistence rendue possible par les victoires du communisme impliquait à terme sa propagation générale, mais de manière pacifiée. Du coup, l'uniformité, les alignements ne sont plus indispensables, chaque pays peut aller vers la révolution par la voie qui lui convient. Cette légitimation de la voie nationale, que Khrouchtchev avait dû concéder à Tito en mai 1955, il l'étend au XXe Congrès, quelques mois plus tard donc, à l'ensemble du bloc socialiste.

Au surplus, dans son *rapport secret* – communiqué en secret à tous les chefs de partis communistes étrangers –, Khrouchtchev dénonçait la destruction par

Staline des partis communistes nationaux, notamment celle du PC polonais en 1938. En reconnaissant que Staline avait imposé un alignement aux « Partis frères », Khrouchtchev délégitimait tout le système politico-idéologique est-européen instauré en 1945. Si le message est clair, il est certes trop tôt pour certains pays et dirigeants communistes d'en tirer les conséquences. Mais la Pologne, forte des aveux du XXe Congrès, et la Hongrie, dont la soviétisation avait été exceptionnellement violente, décident de s'inspirer du discours de Khrouchtchev pour tenter d'échapper au système de Yalta. Les responsables communistes des pays plus prudents – Bulgarie, Roumanie – avaient vu juste, l'heure était aux aveux, pas encore à la liquidation du système. La révolte hongroise fut écrasée dans le sang comme l'avaient été les émeutiers de Berlin en 1953. La Pologne sut, grâce à l'habileté de Gomulka, tout juste sorti de la prison où l'avait jeté Staline, éviter le bain de sang. L'ordre soviétique fut rétabli à Varsovie et Budapest. Pour combien de temps ?

Qu'attendre de l'« après-Staline » ?

C'est là le paysage nouveau qui entoure le retour au pouvoir du général de Gaulle. Il constate alors combien son intuition était juste. L'idéologie, qu'il tient plutôt pour un habile habillage politique, a cédé devant le sentiment national à Belgrade et un moment à Varsovie et Budapest. La remise en ordre au nom de l'idéologie commune ne peut dissimuler la volonté de domination de l'URSS, qui n'est autre, pour le général de Gaulle, que la Russie éternelle, une Russie animée des mêmes ambitions, et que le rapport Khrouchtchev a mises à nu.

Comment considérer cette URSS qui s'est dépouillée volontairement de ses conquêtes en Autriche, de son autorité dans le monde communiste, mais qui reste un État puissant, l'un des deux plus puissants au monde, doté du feu nucléaire ? Certes, pour le général de Gaulle, l'URSS est tout à la fois la Russie, dont il admire l'histoire, la culture, le patriotisme exceptionnel, et un pays communiste, dominateur, impérialiste, dont il rejette avec violence l'idéologie et les ambitions. Lénine disait : « Grattez un bolchevik et vous trouverez le moujik attardé », le général de Gaulle considère de la même manière, mais en inversant la formule, que derrière le communisme la Russie véritable peut ressurgir. Ses souvenirs de Staline ne sont pas dénués d'amertume. En 1945, Staline n'a accédé à aucune de ses demandes sur l'Allemagne, il s'est opposé à la présence française à Yalta et à Potsdam. Mais Staline n'est plus, et ses successeurs ont déjà modifié le paysage international. Ils ont contribué à mettre fin à la guerre de Corée. Et en Indochine, où l'URSS avait jusqu'en 1954 ouvertement soutenu Hô Chi Minh, Malenkov et Khrouchtchev, les successeurs de Staline, ont fait ensuite preuve d'une certaine retenue.

Le général de Gaulle constate qu'en dépit des crises survenues dans l'ensemble soviétique l'URSS effectue une extraordinaire montée en puissance. Elle dispose du feu nucléaire et, depuis 1957, est présente dans l'espace. Un événement scientifique considérable a, en effet, dès la fin de l'année 1957, bouleversé les données des relations stratégiques entre les deux grands. Le 4 octobre, l'URSS mettait sur orbite un premier satellite artificiel – le spoutnik –, suivi d'un second, le 4 novembre, à bord duquel était installé un être vivant, une chienne qui n'y survécut d'ailleurs que quelques jours. Cet exploit bouleversait radicalement les relations Est-Ouest. Jusqu'alors les États-Unis disposaient d'une supériorité totale sur l'URSS, puisque leur territoire était hors de portée des armes soviétiques, alors que les bombardiers américains B52 pouvaient atteindre sans difficulté le territoire soviétique et que les bases américaines situées sur le pourtour de l'URSS la rendaient vulnérable à ce voisinage stratégique. Il est vrai que, déjà, le 26 août 1957, une dépêche Tass avait annoncé que l'URSS avait procédé au tir d'une « super fusée balistique intercontinentale à plusieurs étages ». Mais cette dépêche était passée plus ou moins inaperçue, ou bien elle fut mise sur le compte de la propagande soviétique, alors que la mise sur orbite du spoutnik deux mois plus tard fut perçue comme une confirmation des progrès technologiques de l'URSS et comme la fin de l'avantage stratégique dont jouissaient les États-Unis. Cela entraîna du côté américain une très violente réaction de désarroi. Le président Eisenhower essaya de minimiser la portée de l'événement. Mais il entraîna sa dégringolade dans les sondages et un savant américain spécialiste de l'atome, Edouard Teller, déclara alors : « Les États-Unis ont perdu une bataille plus importante, plus grave que Pearl Harbor[1]. »

Mao, qui n'était pas encore en conflit, du moins déclaré, avec les successeurs de Staline, commenta ainsi l'événement en novembre 1957 : « Le vent d'est l'emporte sur le vent d'ouest. » Ce propos optimiste se référait sans aucun doute au spoutnik. Mais, à mieux

1. Cité par Jean Lacouture, *De Gaulle*, *op. cit.*, t. III, p. 429.

réfléchir au sens des discours de Mao qui, dès l'année suivante, utilise la même phrase pour définir la crise du Moyen-Orient, on peut penser que le dirigeant chinois exprimait ainsi une conception plus large, géographique. Un autre commentaire de Mao, à propos du spoutnik toujours, confirme sa perception géopolitique de l'événement : « C'est le glas du colonialisme. La politique américaine d'encerclement de l'URSS a piteusement échoué. » Le général de Gaulle avait très tôt pressenti que les rapports entre Moscou et Pékin, heureux, si l'on en juge superficiellement à partir de telles déclarations, dissimulaient en réalité de profonds griefs qui conduiraient à coup sûr à une rupture. Et, d'emblée, il misa sur ces dissentiments pour modifier plus encore le paysage du monde communiste. Plus généralement, on constate dans les commentaires de ce temps que ces événements ont entraîné un certain optimisme. Nombre d'observateurs occidentaux considèrent alors que l'URSS ayant acquis une nouvelle puissance peut se montrer plus paisible, son agressivité antérieure étant l'expression de l'inquiétude nourrie par son sentiment d'infériorité stratégique. Le danger de voir la guerre froide déboucher sur la guerre proprement dite, n'est-il pas par là même en train de décroître ? Cette question revient fréquemment. Dans l'esprit du général de Gaulle, observateur attentif de cette nouvelle donne, l'idée s'impose, et il l'exprimera, que l'équilibre de la terreur peut avoir des vertus pacifiques[1].

Cet optimisme va être mis rapidement à l'épreuve par la crise que Khrouchtchev provoque délibérément à Berlin en 1958.

1. Entretien de l'auteur avec Alain Peyrefitte, novembre 1990.

Certes, dans les relations de la France avec Moscou, il y avait eu quelques nuages depuis le retour du Général aux affaires. Tout d'abord, Khrouchtchev s'inquiéta du rapprochement franco-allemand que consacre la visite d'Adenauer à de Gaulle dans sa propriété de Colombey-les-Deux-Églises. Cette rencontre politique qui a lieu dans le domaine de la vie privée du Général – une exception hautement symbolique – irrite et inquiète Moscou.

Dans les semaines qui ont précédé cette rencontre, l'ambassadeur soviétique à Paris, Vinogradov, qui a suivi de très près les activités du général de Gaulle avant et après mai 1958, et qui se flatte auprès de son gouvernement d'entretenir avec lui des relations de confiance, avait plaidé à Moscou que le Général, partisan déclaré d'une politique d'indépendance, pourrait être un allié de poids. Le rapprochement franco-allemand et les relations personnelles de Gaulle-Adenauer ont troublé la confiance que l'URSS plaçait dans cet éventuel allié. Khrouchtchev en fut si exaspéré qu'il critiquera ouvertement ce rapprochement, allant jusqu'à le comparer à l'accord de Munich en 1938.

L'URSS n'est pas la seule à s'irriter du dynamisme international du général de Gaulle à l'automne 1958. Du côté allemand aussi un certain trouble s'installe, provoqué par une initiative spectaculaire du Général : le mémorandum du 17 septembre. Deux jours tout juste après que le chancelier Adenauer eut quitté Colombey, son hôte adressait un mémorandum en quatre points, suggérant au président des États-Unis, et c'est là l'essentiel, une modification du processus de décision de l'Alliance atlantique par la mise en place d'un directoire tripartite États-Unis, Grande-Bretagne et France. Le général de Gaulle se fondait, pour présenter ce projet, sur un constat : « À la solidarité des risques courus ne correspond pas la coopération indispensable quant aux décisions prises et aux responsabilités. » Le président des États-Unis lui répondit que, tout en étant ouvert à la discussion – et ces discussions auront lieu –, il ne pouvait imaginer de proposer aux autres membres de l'Alliance qu'un statut particulier, une promotion fût accordée à la France. Le projet resta dans l'ombre, mais il émut particulièrement certains alliés des États-Unis, notamment l'Italie. Et il fut ressenti comme une offense personnelle par le chancelier Adenauer, à qui le Général n'en avait rien dit deux jours plus tôt ; il l'interpréta comme un signe de défiance. L'ambassadeur Seydoux, que le général de Gaulle, conscient par la suite des effets pernicieux de son initiative, avait chargé de présenter l'affaire avec tact au chancelier, note dans ses Mémoires « qu'elle ne cessera pas de compter parmi les motifs d'agacement d'Adenauer[1] ».

La crise de Berlin : le « rempart » de Gaulle

Le climat international est donc quelque peu troublé déjà lorsque, le 10 novembre, une véritable bombe éclate. La mise en cause par Khrouchtchev du statut de Berlin tel qu'il avait été élaboré aux conférences de Yalta et de Potsdam en 1945. Berlin était depuis lors tout à la fois partagé en quatre zones d'occupation dévolues aux vainqueurs et enclavé dans la zone soviétique. Jamais, depuis 1945, les responsables soviétiques n'avaient accepté une mise en cause de ce statut qui

1. Roger Seydoux, *Mémoires d'outre-Rhin*, Paris, Grasset, 1975, p. 224.

leur assurait le plein contrôle de l'ancienne capitale du Reich, symbole de leur victoire. Dès juin 1948, réagissant à la volonté des Occidentaux de remettre sur pied l'Allemagne de l'Ouest, Staline avait décidé de bloquer les accès au secteur occidental de Berlin, ce qui interrompait pratiquement sa capacité à survivre. Un pont aérien fut établi pour ravitailler les habitants. Ce blocus dura onze mois, avant que Staline ne renonce devant la fermeté unanime des Occidentaux. Mais le souvenir de cette période éprouvante était resté très vif, aussi bien chez les habitants de Berlin que dans le monde occidental qui avait craint, à plusieurs moments, de frôler la guerre.

Dix ans plus tard, c'est le successeur de Staline, l'homme qui prêche la coexistence, qui, pourtant, déclenche à nouveau la menace d'un conflit. Tout avait commencé par une violente intervention de Khrouchtchev le 10 novembre, où il accusa les Occidentaux de violer les accords de 1945, brandissant en représailles le chantage traditionnel d'une remise en cause du statut de la capitale allemande. Il y ajouta la menace de la remise par l'URSS à la République démocratique allemande, « État souverain », soulignait-il, de tous les pouvoirs qu'elle exerçait à Berlin. Comment ignorer ici l'hostilité soviétique à la reconnaissance de la République fédérale d'Allemagne trois ans plus tôt, et l'opposition de Moscou à la place donnée au nouvel État allemand dans l'Alliance atlantique ?

Comment sous-estimer aussi, dans cette manifestation de violence soviétique, l'exigence sans cesse répétée de voir reconnue la RDA ? Encore deux semaines et, le 27 novembre, les Occidentaux recevaient une note dénonçant les accords de 1945 sur Berlin en raison de leur caractère obsolète, et proposant un traité de paix transformant Berlin-Ouest en ville libre et démilitarisée, ainsi que l'incorporation de Berlin-Est à la RDA. Menace complémentaire, le refus des puissances occidentales à ce projet conduirait l'URSS à signer immédiatement un traité de paix avec la RDA et à lui transférer la responsabilité des relations avec les Occidentaux. Khrouchtchev donnait six mois à ses interlocuteurs pour organiser le nouveau statut. Il s'agissait clairement d'un ultimatum où Khrouchtchev, se souvenant des atermoiements des parties en conflit et du recul final de Staline, manifestait un esprit de décision qu'on crut annonciateur d'une crise sans issue. Les Alliés étaient conscients de l'exaspération soviétique devant la montée en puissance de la République fédérale. Que le Bundestag ait été convoqué à Berlin-Ouest pour l'élection présidentielle en était un signal qui troublait particulièrement les responsables de la RDA. On sait qu'Ulbricht ne cessait d'alerter Khrouchtchev sur les conséquences de cette situation, insistant notamment sur l'opposition montante dans les élites est-allemandes, tentées toujours d'avantage de se réfugier à l'Ouest. Henri Froment-Meurice, plus tard ambassadeur à Moscou, mais qui vécut jeune diplomate cette crise en URSS, a considéré que l'une des explications de la démarche de Khrouchtchev en novembre 1958 est son inquiétude devant le rapprochement franco-allemand, l'URSS ayant longtemps misé sur l'hostilité, voire une certaine « germanophobie » du général de Gaulle. La diplomatie soviétique tenait pour acquis que l'hostilité du général de Gaulle à toute renaissance de l'Allemagne, manifestée si fortement dans les entretiens de Moscou en 1944, était une donnée permanente. Or, le lien qui s'établit entre les deux hommes en 1958 et que l'intimité de la rencontre de Colombey confirme, aura été une grande désillusion pour Moscou, et la crise de 1958 un moyen de briser cette entente naissante. Cette analyse est très convaincante. Elle témoigne de l'impréparation soviétique à la métamorphose du général de Gaulle. Les diplomates russes privilégiaient le souvenir du Général de 1944, cherchant un appui auprès de l'URSS pour conforter son statut auprès du couple américano-anglais.

Vinogradov, qui multipliait les assurances sur ce point, fut pris au dépourvu par l'évolution du président français à l'égard du pays voisin. N'avait-il pas, avec le chancelier, déclaré à l'issue de leur rencontre que « c'en était fini à jamais de l'hostilité d'autrefois » ?

L'entretien qu'auront en mars 1959 le général de Gaulle et Vinogradov confirme cette explication. Le diplomate soviétique reproche alors avec véhémence au président français ce qui lui semble une véritable trahison. « On s'étonne à Moscou de l'attitude de la France. N'avez-vous pas naguère conclu un pacte avec l'URSS concernant l'hypothèse où l'Allemagne serait menaçante [...] et pourtant nous avons pris soin de ménager la France et tout particulièrement votre position[1]. »

Cette crise est révélatrice des divergences occidentales. L'opposant le plus constant, le plus ferme à l'ultimatum soviétique est le général de Gaulle. Durant près d'un an, c'est lui qui mène la danse. Il se déclare prêt à affronter toutes les conséquences de la fermeté et lorsque Foster Dulles, épuisé par la maladie, accomplit

1. Cité par Éric Roussel, *op. cit.*, p. 642.

son dernier voyage en Europe en février 1959, le Général l'assure de sa volonté d'user de la force si la crise en venait à une telle extrémité[1]. Quelques jours plus tard, il dit à Vinogradov lors d'une réception à l'Élysée : « Peut-être mourrons-nous tous, mais nous avons le droit de passage vers Berlin et nous en userons[2]. » Et il tient au même Vinogradov, qui évoque les conséquences redoutables de la crise, un propos guère plus encourageant : « Eh bien, Monsieur l'Ambassadeur, nous mourrons ensemble[3]. »

Le général de Gaulle est d'ailleurs convaincu, il le dira à ses alliés anglo-américains, que Khrouchtchev bluffe, qu'il n'entend pas mourir pour Berlin et qu'il suffit de tenir plus longtemps que lui pour le voir, comme Staline dix ans plus tôt, s'incliner.

Le général de Gaulle a d'autant plus de mérite à être ferme que ses alliés, et particulièrement Macmillan, penchent vers un compromis. Le Premier ministre britannique pense que l'on peut accepter la position de Khrouchtchev sur Berlin, et même reconnaître la RDA. Macmillan soutient aussi l'idée d'une Europe centrale démilitarisée, nouvelle variante du plan Rapacki de 1957 qui visait, en proposant la neutralisation de cette partie de l'Europe, à démontrer l'inutilité des alliances et, par conséquent, de l'OTAN. Lorsqu'il se rend en février à Moscou, Macmillan inquiète ses alliés ; ce voyage ne fera-t-il pas surgir des propositions

1. Cité par Maurice Vaïsse, *La Grandeur : politique étrangère du général de Gaulle, 1958-1969*, Paris, Fayard, 1998, p. 268.
2. *Ibid.*, p. 269.
3. André Fontaine, *La Tache rouge*, Paris, Éditions de la Martinière, 2004, p. 275.

ou des concessions compromettantes ? Mais, comme il en revient les mains vides, de Gaulle en conclut à une simple manœuvre destinée à favoriser Macmillan lors des élections à venir à l'automne.

D'ailleurs, aussitôt Macmillan rentré dans son pays, Khrouchtchev tient des propos plus menaçants que jamais. Et la riposte est immédiate. Le 10 mars, c'est-à-dire le lendemain, le président américain évoque l'hypothèse d'une réponse nucléaire. La position américaine s'est d'ailleurs affermie au fil de la crise. Au début, le président américain était tenté de soutenir Macmillan, puis il renonça à le faire, comprenant que des concessions affaibliraient l'OTAN tout entier en inquiétant ses membres et en particulier l'Allemagne. C'est cet accord avec la position française que l'on retrouve dans les entretiens de Gaulle-Dulles de février, où, déjà, la menace de la force était présente. En même temps, le général de Gaulle plaide pour la négociation, et il est suivi puisqu'une conférence des ministres des Affaires étrangères en débat à Genève entre juin et août 1959, mais sans aboutir à quelque résultat[1]. Le général de Gaulle doit aussi rassurer le chancelier allemand qui craint des concessions au détriment de son pays, mais aussi de la position de son parti et de la sienne propre. Le général de Gaulle a beau jeu d'expliquer à ses alliés, aux Américains surtout, que s'ils cédaient sur la question de Berlin, le Parti chrétien démocrate risquait fort de perdre le soutien d'une opinion qui lui savait gré de son intransigeance, et que les sociaux-démocrates qui lui succéderaient entraîneraient l'Allemagne vers une poli-

1. DDF, 1959, annexes.

tique de neutralité, prix d'un certain rassemblement de l'Allemagne. Pour les États-Unis, cette hypothèse était inacceptable et le raisonnement du général de Gaulle a pu les convaincre de ne rien céder. Khrouchtchev fut invité à rendre visite au président américain aux États-Unis au mois de septembre, ce qui contribua à détendre les relations Est-Ouest.

Cette invitation avait été lancée en mai, lors de l'enterrement de Foster Dulles auquel les quatre grands chefs d'État s'étaient rendus. Constatant déjà qu'il y avait peu d'espoir de voir réussir la conférence de Genève, Eisenhower, acharné à trouver un moyen de débloquer la situation, imagina ce voyage et les effets qu'il aurait sur Khrouchtchev. Le calcul était juste. Khrouchtchev fut séduit, d'abord par son interlocuteur, « qui aspire comme nous à liquider la guerre froide », dit-il à son retour, et par le mode de vie américain.

Mais Eisenhower s'était aussi employé à le convaincre qu'un compromis était possible, admettant qu'à son avis la situation de Berlin était « réellement anormale » et ajoutant : « Nous n'envisagerons pas cinquante ans d'occupation là-bas[1]. » Dès lors, pourquoi ne pas discuter ? demanda Eisenhower, qui proposa à son interlocuteur de tenir rapidement un sommet à quatre sur ce sujet.

Le général de Gaulle était d'accord sur la tenue d'un sommet, mais, contrairement à son collègue américain, il considérait qu'il fallait prendre du temps pour le préparer et il suggéra qu'il pourrait avoir lieu en mai ou

1. Henry Kissinger, *Diplomatie*, Paris, Fayard, 1996, p. 438, et André Fontaine, *op. cit.*, p. 275.

juin 1960, or, on était en octobre 1959. Si le Général veut prendre son temps, c'est qu'il craint qu'un sommet mal engagé, trop rapide, renforce les différences de vues du camp occidental. Il sait qu'il risque de paraître isolé face au couple anglo-américain dont les solidarités sont profondes. Il craint surtout l'habileté manœuvrière de Khrouchtchev, conscient des divergences du camp opposé. C'est pourquoi il veut que le sommet soit précédé d'une concertation occidentale aboutissant à une position commune. Enfin, il est une explication très séduisante et certainement juste que nous devons à Maurice Vaïsse. La France est sur le point d'expérimenter sa première bombe atomique. Le général de Gaulle veut arriver au sommet en membre du club, c'est-à-dire comme un *grand* à part entière, ce qui suppose la possession de l'arme nucléaire. Certes, la Grande-Bretagne est aussi une puissance nucléaire, mais elle dépend sur ce plan des États-Unis, elle est associée par eux au sein de l'OTAN aux décisions comme une puissance nucléaire réelle. De Gaulle a toujours refusé ce statut intermédiaire qu'il juge « bâtard », et ses relations avec les États-Unis et l'Angleterre s'en ressentent, mais il est bien décidé à ne pas céder. La France doit tenir son *rang*. Par ailleurs, la conférence au sommet se rattache à un projet existant qui devait porter sur le désarmement, or le Général ne veut surtout pas d'un sommet qui traiterait aussi de l'arrêt des expériences nucléaires, avant qu'il n'ait réussi la sienne[1].

Enfin, il veut, comme Eisenhower, comme Macmillan, traiter avec un Khrouchtchev déjà connu de lui. Il le convie donc à venir en France au printemps 1960, avant

1. *La France et l'arrêt des explosions nucléaires*, DDF I, 1960, p. 35-36.

le sommet. Et, habileté suprême, il propose Paris comme lieu de réunion des chefs d'État, ou, plutôt, c'est le chancelier allemand qui en avance l'idée, mais, comme dans une bonne pièce de théâtre, les deux compères se sont entendus sur ce point. La question de Berlin est inscrite à l'agenda du sommet parmi d'autres problèmes brûlants, en premier lieu les relations Est-Ouest et le désarmement.

Durant toute cette crise, c'est la fermeté du général de Gaulle qui l'aura emporté. Cette attitude est certes conforme à son caractère, à son analyse de la situation, mais elle est aussi remarquable parce qu'il a été soumis à de fortes pressions, non seulement de la part de ses alliés, mais également de la part de l'URSS qui dispose à son égard d'arguments non négligeables. L'Algérie, où la guerre se poursuit, et la politique intérieure française où le PCF relaie efficacement les directives soviétiques.

Le général de Gaulle souligne maintes fois que la question algérienne est alors un « boulet » pour la France. Il a pu cependant constater qu'en dépit de quelques assauts Moscou évite en général de jeter de l'huile sur le feu algérien. Certes, le 22 septembre 1958, la *Pravda* attribuait à Khrouchtchev ce jugement brutal « entre les événements d'Algérie et l'arrivée au pouvoir du nouveau gouvernement à Paris, il y a le lien le plus direct et le plus réciproque », c'est-à-dire le caractère quasi « dictatorial » prêté alors au général de Gaulle. Et la presse soviétique dans son ensemble décrivait alors la *Communauté française* constituée avec les anciennes colonies comme un avatar de la colonisation passée. Mais, sur l'Algérie, le pouvoir soviétique fut plus modéré, tout en soulignant qu'il suivait avec attention la politique qu'y conduisait le Général. Quand le

Gouvernement provisoire de la République algérienne se constitue en 1958, à la différence de Pékin qui s'empressa de le reconnaître, Moscou attendra 1962 pour le faire, c'est-à-dire après que Paris l'eut fait.

Cette relative retenue se conçoit à la lumière des décisions prises par le général de Gaulle s'agissant de l'OTAN. Le 31 janvier 1959, alors que la crise de Berlin bat son plein et que l'ardeur du général de Gaulle à empêcher ses alliés de céder à la tentation du compromis porte ses fruits, Moscou peut enregistrer avec satisfaction que Paris prend des distances avec l'OTAN. Le général de Gaulle décide alors de reprendre le contrôle de la flotte de Méditerranée et en avertit l'OTAN le 7 mars 1959. De quoi convaincre Khrouchtchev que si de Gaulle est un interlocuteur difficile, il doit cependant être encouragé dans sa volonté d'affirmer l'indépendance stratégique de son pays à l'égard de l'OTAN et surtout à l'égard de la puissance américaine.

Cette décision, ainsi que le refus de stocker des armes atomiques américaines sur le sol français pavent la voie au dialogue qui s'amorce à Paris, en mars 1960, lors du voyage triomphal de Nikita Khrouchtchev.

Le « moujik débonnaire » découvre la France

Ce voyage est une première. Nul chef d'État venu de l'URSS n'a encore été accueilli en France. Le dernier Russe a l'avoir fait était Nicolas II, en 1896, à l'aube de la glorieuse entente franco-russe. Lénine avait vécu un temps en France, mais c'était alors un jeune révolutionnaire, semi-clandestin et mal connu, et Staline n'y était jamais venu. La rencontre à Paris des deux chefs d'État n'a été précédée que de quelques rares voyages préparatoires de hautes personnalités, dont celui du propre gendre de Khrouchtchev, Alexis Adjoubei.

Le général de Gaulle a raconté avec verve et un grand luxe de détails le voyage de Khrouchtchev dans ses *Mémoires*, soulignant la fierté et l'importance qu'y attachait son visiteur. Il note, au demeurant, qu'il avait été prévenu contre Khrouchtchev par le Premier ministre britannique qui s'était rendu, on l'a vu, à Moscou en février 1959. En dépit de son désir d'aplanir la crise de Berlin par quelques concessions, Macmillan avait trouvé que « les foucades de son hôte lui en rendaient le contact pénible ». Ainsi prévenu, et s'il sait d'avance que Khrouchtchev est coutumier de foucades imprévisibles, le général de Gaulle l'accueille néanmoins très chaleureusement. Il est d'emblée, cela est visible, agréablement surpris. Il relève « son comportement bon enfant. Il est venu en famille avec Mme Khrouchtchev, leur fils, leurs deux filles et leur gendre. Partout, il paraît chaleureux, alerte et preste malgré son embonpoint, prodiguant les rires et les gestes de la cordialité ».

Plus loin, il relève que « Khrouchtchev qui cause très volontiers est dans la conversation détendu et désinvolte surtout quand – n'étaient les interprètes – nous nous trouvons seul à seul. Pour grandes que soient les différences d'origine, de formation, de conviction, il s'établira entre nous un réel contact d'homme à homme ».

Lorsque le Général, s'entretenant avec Khrouchtchev à Rambouillet, lui annonce – il avait soigneusement prévu cette incidente – que la France vient de réaliser avec succès une deuxième expérience atomique au Sahara, relatant la réaction de son interlocuteur, il insiste sur « sa bonne grâce et une remarquable note humaine. Merci de votre attention, dit Nikita Khrouchtchev, je comprends votre joie, nous avons naguère éprouvé la même ». Et Khrouchtchev conclut, quelque peu condescendant : « Mais vous savez, c'est très cher. » Le général de Gaulle ne relève pas la remarque, convaincu d'avoir réussi son effet[1]. Ce n'est pas seulement le caractère détendu de leur relation dont le Général crédite son invité, mais aussi son humour lorsque Khrouchtchev lui explique : « Je ne travaille pas. Un décret du Comité central prescrit qu'après 65 ans – j'en ai 66 – on n'exerce ses fonctions que six heures par jour et quatre jours par semaine. C'est tout juste assez pour mes voyages et mes audiences », renvoyant à Kossyguine, qui l'accompagne à Paris, pour l'exercice réel du pouvoir. Et le Général de s'interroger, se posant des questions auxquelles un proche avenir apportera des réponses. Derrière l'humour que déploie son interlocuteur n'y aurait-il pas, se demande-t-il, l'indice d'une certaine crainte devant un éventuel rival[2] ? On est en 1960 et rien, en apparence, ne menace encore l'autorité dont jouit l'homme de la déstalinisation dans son pays. Sans doute de Gaulle relève-t-il aussi qu'à la fin du séjour, dans un discours prononcé à la radio, son si débonnaire interlocuteur a cédé la place à un doctrinaire communiste. Mais il attribue ce changement de ton à un besoin de compenser le comportement si ouvert adopté tout au long

1. *Mémoires d'espoir, op. cit.*, p. 1084.
2. *Ibid.*, p. 1085.

du voyage en France. Au matin du départ, le 5 avril, il le trouve à nouveau « cordial et guilleret, me laissant, je dois le dire, impressionné par la force et le ressort de sa personnalité, disposé à croire qu'en dépit de tout la paix mondiale a des chances, l'Europe de l'avenir, et, pensant que quelque chose d'important s'est produit en profondeur dans les relations séculaires de la Russie et de la France[1] ». Cette conclusion confirme l'idée que le Général se faisait de son interlocuteur avant son arrivée et tel qu'il lui fut décrit à l'issue de son périple américain effectué peu auparavant. Au dire de tous, l'homme était « jovial et primesautier ».

Dans ce climat chaleureux que le général de Gaulle a constamment souligné, les questions portées à l'ordre du jour n'étaient pas simples. En premier lieu, il y avait, comme toujours, l'Allemagne, mais aussi la sécurité européenne et le désarmement.

L'Allemagne est restée dans ces entretiens une éternelle pomme de discorde. Khrouchtchev insiste sur la réalité d'une nouvelle Allemagne, la République est-allemande, qu'il dit « faite pour durer ». Et il demande à son hôte dont il est convaincu, dit-il, « qu'il ne souhaite pas voir un jour l'Allemagne rassemblée et revenue à ses vieux démons » : « Pourquoi ne reconnaîtriez-vous pas la République de Pankow ? »

À son interlocuteur si prolixe dès qu'il parle du péril allemand, du « revanchisme allemand », thème qui, selon de Gaulle, est indispensable à l'URSS pour justifier la division de l'Allemagne, le Général rappelle qu'en 1944 il avait proposé à Staline une organisation du Reich vaincu, qui aurait écarté à jamais tout danger

1. *Ibid.*, p. 1086.

de « revanchisme ». Cette solution, c'est Staline qui l'a refusée et qui a choisi, écrit le Général, « de se servir lui-même directement et largement, en arrachant au corps allemand la Prusse et la Saxe pour y installer de force un régime à sa dévotion et en laissant le reste à la dévotion de l'Ouest[1] ». Khrouchtchev n'aurait-il pas prêté attention aux propos tenus dès mars 1959 par le général de Gaulle sur la question cruciale de la réunification allemande qui « nous paraît être le destin normal du peuple allemand[2] » ?

Khrouchtchev aura beau argumenter, plaider que si la paix n'était pas conclue avec les deux républiques – donc si la République de l'Est n'était pas reconnue –, il ne lui resterait plus que la ressource de signer le traité de paix tout seul avec Pankow. Que de dangers à venir, clame-t-il, si Moscou n'est pas entendu.

Impavide, le Général répond que ses menaces lui font d'autant moins d'effet que si « Moscou signait avec Pankow quelque traité que ce soit, ce ne serait qu'un chiffon de papier rédigé entre communistes et que vous vous adresseriez à vous-mêmes ».

Quant à proférer des menaces de guerre, ce sont là de vains propos, car c'est la paix qu'il faut organiser et celui qui, succédant à Staline, a brandi l'idée de coexistence est bien placé pour en débattre. Et le Général de tancer son hôte : « Vous parlez à tous les échos de coexistence pacifique, vous blâmez chez vous, rétrospectivement, Staline, vous étiez il y a trois mois l'hôte d'Eisenhower, vous êtes aujourd'hui le mien. Si vous ne voulez pas la guerre, n'en prenez pas le chemin. »

1. *Mémoires*, *op. cit.*, p. 1079-1080.
2. DDF I, 1960, p. 379-385.

Le calme du général de Gaulle contribue à faire glisser le débat sur un terrain moins périlleux qui, au demeurant, semblait convenir à Khrouchtchev.

Pour le Général, c'est en Europe, avec l'Europe consciente d'elle-même, que se trouve la clé de la paix et de la liberté pour tous les peuples. Il déclare alors à Khrouchtchev : « Nous voulons une Europe de l'Atlantique à l'Oural, des rapports, des liens et une atmosphère qui d'abord ôteront leur virulence aux problèmes allemands, y compris ceux de Berlin, ensuite conduiront la République fédérale et votre République de l'Est à se rapprocher et à se conjuguer et enfin tiendront l'ensemble germanique encadré dans une Europe de paix et de progrès[1]. »

Cette vision du général de Gaulle, dans la mesure où elle place au cœur du projet européen la réconciliation allemande, ne pouvait satisfaire Khrouchtchev qui défendra ardemment, en mars 1960, puis dans une lettre au général de Gaulle datée du 12 septembre 1960, l'idée d'une coopération européenne fondée sur des solidarités européennes qui conduiraient au rapprochement des deux Europe – dans leur état présent – et, à terme, redonnant à l'Europe le soin de régler son destin et sa sécurité en excluraient par là même les États-Unis. Ainsi, les propos aimables tenus sur la question européenne ne peuvent-ils dissimuler que deux visions – française et soviétique – achoppent ici sur le problème allemand.

Les discussions sur les questions de désarmement ne sont pas plus encourageantes pour Khrouchtchev,

1. DDF I, 1960, p. 384-385.

même si, sur ce chapitre, la position française heurte tout autant les États-Unis.

Le général de Gaulle, ayant pris en compte l'égalité stratégique qui s'établit entre Washington et Moscou à la fin des années 1950, en avait tiré une conclusion très ferme : « Mon dessein consiste à dégager la France non pas de l'Alliance atlantique que j'entends maintenir à titre d'ultime précaution, mais de l'intégration réalisée par l'OTAN sous commandement américain, à nouer avec chacun des États du bloc de l'Est, et d'abord avec la Russie, des relations visant à la détente, à l'entente, à la coopération [...] enfin à nous doter d'une puissance nucléaire telle que nul ne puisse nous attaquer sans d'effroyables blessures. »

De Gaulle avait déjà mis en pratique ces objectifs avec le retrait de la flotte française de Méditerranée des structures intégrées de l'OTAN, puis en affirmant sa volonté de doter la France de l'armement atomique. Les États-Unis avaient vu d'un mauvais œil cette émancipation stratégique d'un allié, mais Moscou l'approuvait. À partir de là, les positions de Paris et de Moscou divergent. À Moscou, on plaide pour un désarmement conventionnel alors que le général de Gaulle expose ses vues : « Nous ne pouvons consentir à l'arrêt de la production de matières fissiles que si la destruction des stocks existants est assurée. S'il ne devait pas en être ainsi, nous ne souscririons à aucun engagement car nous voulons nous procurer des armements nucléaires dès lors que les autres en possèdent. » De plus, le Général considère que ce processus doit être gradué et encadré par un contrôle multilatéral rigoureux, contrôle que les Soviétiques repoussent, assurant que la confiance installée par les mesures de désarmement entraînera un contrôle naturel. En définitive, comme sur l'Allemagne, le désaccord est ici patent, mais la conférence au sommet n'apportera-t-elle pas la possibilité de rouvrir des discussions sur tous ces thèmes ? C'est pourquoi, Khrouchtchev, au terme d'un voyage où il aura été reçu de manière exceptionnellement chaleureuse et solennelle, se prépare à l'étape suivante. À son retour à Moscou, il en fera un récit satisfait, évoquant les conversations de Rambouillet, les rencontres en province et les progrès accomplis dans la voie de la confiance. On comprend ce ton chaleureux. Sa visite aura été longue, près de dix jours, variée, marquée par les solennités d'une visite d'État. Il n'y aura manqué que le passage par les installations pétrolières de Hassi Messaoud, projet proposé par le général de Gaulle, mais qui fut abandonné. Une explication en sera donnée par un collaborateur de Khrouchtchev, devenu ensuite ambassadeur à Paris. Il assurait que Khrouchtchev aurait proposé, en contrepartie de ce détour qui confortait la position française au Sahara, que la France reconnût la RDA. Une autre explication est liée à l'opposition qu'aurait manifestée à cette idée le Parti communiste français, que la présence de Khrouchtchev au Sahara – le problème sahraoui était alors l'un des thèmes de propagande du PCF – aurait mis dans l'embarras[1].

Lorsque Khrouchtchev quitta Paris, le bilan que pouvaient en tirer les protagonistes de ces journées était incertain. Pour les Soviétiques, le général de Gaulle, s'il a opposé une fermeté constante à leur demande de reconnaissance de la République est-allemande, restera

1. Iouri Doubinine, conversation avec l'auteur, 7 mai 1991.

le chef d'État occidental qui a constamment répété son attachement au respect des frontières allemandes issues de la guerre et particulièrement à la frontière Oder-Neisse. Même si, à l'occasion du voyage de Khrouchtchev, la diplomatie soviétique qui espérait faire ratifier ses vues sur l'Allemagne et la sécurité de l'Europe n'y réussit pas, le climat de la rencontre, l'accueil des foules, y compris celles que le Parti communiste mobilise pour acclamer Khrouchtchev, le thème de la détente constamment répété et la perspective du sommet justifient malgré tout la tonalité positive des réactions *a posteriori* des Soviétiques. Pour le général de Gaulle, cette visite où il n'a rien concédé, où rien non plus n'a été décidé, a le mérite de préparer le sommet. Elle lui aura surtout fourni l'occasion de dire avec fermeté que la France appartenait au monde occidental, qu'elle était fidèle à l'Alliance atlantique, tout en y préservant sa pleine souveraineté. Surtout, cette visite aura encouragé le général de Gaulle dans sa conviction qu'il fallait miser sur une détente à plus ou moins long terme, et ce voyage contribuait à la préparer. Il pensera aussi qu'il avait vu juste en considérant que l'ours russe aimait menacer, mais qu'il n'était plus disposé aux affrontements destructeurs. « Voilà un homme qui n'est pas prêt à déclencher une guerre mondiale. Il est très vieux [...] et il est trop gros », aurait dit le Général[1]. Tout de ce voyage l'aura renforcé dans la certitude que le communisme s'effaçait derrière l'intérêt des États, et plus encore, derrière les intérêts historiques et les alliances séculaires. Derrière

1. Propos rapporté par Hervé Alphand, cité par Jean Lacouture, *De Gaulle, op. cit.*, t. III, p. 387.

ce « camarade » Khrouchtchev, jovial et mal dégrossi, il avait vu se dresser le Russe soucieux de la sécurité de son pays, conscient de ce qui le rattachait à l'Europe et anxieux de la montée d'un adversaire redoutable parce que innombrable : la Chine.

Le désaccord soviéto-chinois, le général de Gaulle l'a prévu, imaginé, puis observé. Au début de 1960, les indices de la querelle qui éclate au grand jour deux ans plus tard sont nombreux. Dès le milieu de 1959, Khrouchtchev, s'exprimant en Pologne, s'est lancé dans une violente critique des communistes chinois. Il avait déjà émis des doutes à ce sujet dans des entretiens avec des visiteurs américains, mais la violence de ses propos en Pologne, propos publics tenus dans un pays communiste à l'égard d'un autre pays frère, revêtait une signification particulière. Trois mois plus tard, ce fut l'agence Tass qui publia une déclaration sur le conflit de frontières qui opposait la Chine et l'Inde, plaçant les deux adversaires dans une même catégorie, celle des États querelleurs[1]. Les Chinois ne s'y sont pas trompés, qui datent de ce communiqué qui « violait les principes de solidarité de classe entre les États communistes » le début du conflit sino-soviétique. Le général de Gaulle y a été d'emblée attentif et il considérait que, pour cette raison, Khrouchtchev ne pouvait aller loin dans les projets belliqueux qu'il énonçait à propos de Berlin.

Les critiques du général de Gaulle, ceux qu'inquiétait son mépris de l'idéologie communiste qu'il tient pour obsolète et inefficace, ont craint, en 1960, un renversement possible des alliances. Il est vrai que

1. Tass, 9/9/1959 et réaction chinoise du 27/2/1963, *Peking Review*, n°s 9 et 45, 1963.

cette volonté d'indépendance à l'égard de l'OTAN et des États-Unis, qui se manifestait presque au moment où le maître de l'URSS était reçu en France et avec un tel faste, pouvait signaler un changement possible d'orientation. De même, l'insistance constante du général de Gaulle sur l'importance et la permanence historique de l'alliance franco-russe a pu fournir des arguments à ceux qui craignaient qu'elle ne l'emporte sur l'Alliance atlantique. À regarder de près le déroulement du voyage de Khrouchtchev, les confrontations et, surtout, les documents, on constate combien une telle crainte est injustifiée. Le général de Gaulle poursuit de manière imperturbable son dessein constant, assurer à son pays un rôle de premier plan dans la vie internationale. Et la conférence au sommet, qui doit suivre et qui fut annoncée et préparée par le voyage de Khrouchtchev à Paris, en donne l'occasion. Si ce voyage fut pour Khrouchtchev un échec relatif, pour le général de Gaulle il aura servi à confirmer le *rang* de la France dans le monde. De la rencontre avec Staline à Moscou au face-à-face avec Khrouchtchev, que de chemin parcouru ! En 1960, le Général constate avec satisfaction que la France peut enfin traiter le premier État communiste et le puissant maître de l'URSS d'égal à égal.

Le naufrage du sommet

Le sommet des quatre grands qui doit s'ouvrir à la mi-mai avait été à l'origine imaginé à Moscou. Mais le général de Gaulle s'est emparé de cette idée de sommet qui avait séduit Washington et Londres pour en faire un projet français. Quelle revanche sur les humiliations subies à Yalta et à Potsdam : la France invitant les autres puissances à conférer à Paris, devenant ainsi la « capitale des grandes puissances » pour organiser leur rencontre au sommet ! Rien n'est épargné pour assurer la réussite de cette conférence de Paris. Du 19 au 21 décembre 1959, le général de Gaulle réunit, toujours à Paris, un sommet préparatoire qui rassemble, pour la première fois, le président Eisenhower, le Premier ministre Macmillan et le chancelier Adenauer. On y débat avant tout de Berlin et, surtout, on y décide que la conférence quadripartite – les Allemands en sont exclus – se réunira à Paris le 16 mai. De combien d'espoirs est porteur ce rendez-vous Est-Ouest, le premier du genre après les sommets de la fin du conflit mondial ! Khrouchtchev en avait accepté le principe sans barguigner. N'allait-il pas être, juste avant cette grandiose rencontre, l'hôte du général de Gaulle, ce qui l'incitait à espérer qu'il pourrait influer sur le sommet ?

Plus ou moins satisfait de sa rencontre avec celui qu'il nomme « le *self-made-man* sans culture de base », et dans l'attente du sommet, le général de Gaulle s'en va, le 5 avril, sans perdre davantage de temps, rendre une visite officielle à la reine d'Angleterre. L'accueil reçu en Angleterre est à la fois royal et chaleureux, les entretiens avec Harold Macmillan sont fructueux, tout est fait pour renforcer les liens de la France avec le pays qui avait accueilli un général rebelle, puis vu le militaire au statut imprécis se transformer en homme d'État. Partout, le général de Gaulle répète que son action pour la paix en Europe ne peut réussir sans une solide entente franco-anglaise. Puis il se rend au Canada. À Montréal où, déclare de Gaulle, lorsque les verres se lèvent « à la France, chacun pense le pays d'où je viens ». L'évocation du « Québec libre » est déjà discernable dans ce propos. Dernière étape, les États-Unis du 22 au 29 avril. À Washington, les deux présidents, de Gaulle et Eisenhower, ont tout loisir de se préparer au sommet des quatre. Si le président américain dit son espoir que le succès du sommet vienne couronner une carrière présidentielle qui touche à son terme, le Général exprime un certain scepticisme et compte surtout, il l'écrit dans ses *Mémoires*, « travailler à la détente et à la coopération bilatérales avec la Russie. Je tâcherai de les faire passer sur le plan européen, en y mêlant progressivement, en dehors des blocs et des hégémonies, tout ce qui borde le Rhin, le Danube et la Vistule ».

Au programme des rencontres américaines, celle de Richard Nixon, vice-président des États-Unis, que de Gaulle trouve « franc et ferme » et avec qui, pense-t-il, s'il accède au sommet de l'État, il pourra travailler. C'est au cours de ce voyage que le Général fixe avec précision la date d'ouverture du sommet – le 16 mai – et qu'il en informe au cours de ses entretiens ses interlocuteurs anglais et américains, tandis qu'il adresse sa lettre à Khrouchtchev, de Cayenne où il se trouve, sur le chemin du retour. Remarquable ou sinistre coïncidence, la lettre destinée à Khrouchtchev partit le jour même où éclatait l'affaire de l'U2 qui ferait échouer la conférence de Paris.

Le 1er mai 1960 en effet, un avion-espion américain survole la mer d'Aral et photographie les rampes de lancement soviétiques. Il est abattu, le pilote est fait prisonnier et Khrouchtchev s'indigne. La Maison-Blanche tente de limiter les dégâts, affirmant qu'il ne s'agit pas d'une violation délibérée de l'espace aérien soviétique, mais d'une simple erreur de navigation. Et elle promet que de tels incidents ne se reproduiront plus. Khrouchtchev n'est guère apaisé par ces explications peu convaincantes et des promesses auxquelles il déclare ne pas croire. Il adresse à Washington des notes comminatoires et lorsqu'il répond à l'invitation du général de Gaulle le 7 mai, il assortit son acquiescement de propos violents à l'égard de « l'agresseur américain[1] ».

Néanmoins, il arrive à Paris le 15 mai, se rend à l'Élysée et c'est un autre Khrouchtchev que retrouve le général de Gaulle. À l'entourage familial souriant qui l'accompagnait à Paris et qui contribuait à lui donner un aspect « bonhomme », a succédé une tout autre suite. Outre Gromyko et l'ambassadeur Vinogradov, le chef du gouvernement soviétique est flanqué du maréchal Malinovski, « le maréchal des fusées », dont l'abord n'a rien de débonnaire. Khrouchtchev remet d'emblée au général de Gaulle une note énumérant ses griefs et indiquant à quelles conditions il acceptera de participer au sommet. Ce qu'il exige n'est rien de moins que de voir infliger au président américain une véritable humiliation. Il veut des excuses appuyées, l'assurance que des sanctions frapperont tous les responsables de l'incident de l'U2, l'engagement solennel de Washington de renoncer aux pratiques d'espionnage. Le Général s'entremet, argumente que nul pays n'échappe aux vols d'avions ou de satellites-espions. La France est elle-même, assure-t-il, survolée à l'heure même où l'on débat du problème par un satellite soviétique[2].

1. DDF I, 1960, p. 568-573.
2. Cité par Jean Lacouture, *op. cit.*, t. III, p. 391.

En dépit des efforts de réconciliation que leur prodigue l'hôte du sommet, Khrouchtchev ne cède pas. Le 17 mai, la conférence s'ouvre pour constater son absence. De son côté, Khrouchtchev s'emploie à prendre à témoin de ce conflit les Français et la presse. Il tient d'abord, devant son ambassade de la rue de Grenelle, une conférence de presse improvisée qui sera suivie par une rencontre publique monstre, qui tourne au meeting, au palais de Chaillot. Des communistes sont venus en nombre pour l'applaudir et des anticommunistes, non moins nombreux, pour l'injurier. La réunion publique manque de dégénérer en pugilat. Le « moujik débonnaire » a fait place à un démagogue furieux, qui hurle : « Si les restes des envahisseurs fascistes qui ont survécu se mettent à nous *huer*, comme l'avaient fait les brigands hitlériens, s'ils préparent de nouveau une attaque contre l'Union soviétique, nous les huerons de telle sorte qu'ils ne retrouveront plus leurs os[1]. » La présence, aux côtés de Khrouchtchev, d'un Malinovski figé pouvait donner quelque crédit à ses menaces. Khrouchtchev a voulu cette démonstration de force sur le sol français, il a voulu y attaquer en public « l'impérialisme américain ».

Dès lors, la conférence au sommet ne peut être sauvée. Khrouchtchev quitte Paris le 19 mai, multipliant les bonnes paroles et les compliments à l'égard du général de Gaulle, mais en y mêlant des menaces à l'égard des Occidentaux « tous trois solidaires dans l'OTAN » et des critiques à l'égard du président américain qu'il traite de « personnage médiocre ».

1. André Fontaine, *Histoire de la guerre froide*, Paris, Fayard, 1966, t. II, p. 385.

L'échec est patent. Pourtant, il fait un heureux : le chancelier Adenauer qui avait craint que l'Allemagne ne paie le prix d'un sommet réussi. Il était d'ailleurs venu à Paris au début du sommet pour plaider auprès des trois Occidentaux que Berlin ne devait pas être sacrifié pour amadouer Khrouchtchev. Le chancelier Adenauer en était d'autant plus inquiet que, sachant la responsabilité de Washington qui avait imprudemment mis en péril le sommet, il imaginait que le président américain pouvait être tenté de le faire oublier en proposant des concessions sur Berlin. Ne serait-ce pas le plus sûr moyen d'effacer l'affaire de l'U2 et d'échapper aux excuses exigées par le bouillant Khrouchtchev[1] ?

Le général de Gaulle suggère d'ailleurs dans ses *Mémoires* que « les Anglo-Américains, et particulièrement Macmillan, ne semblaient pas résolus à refuser ce marchandage ».

En définitive, une attitude commune résolue l'avait emporté, la présence d'un Malinovski, bloc d'hostilité, surveillant les propos de son Premier ministre tout autant que ceux des Occidentaux, avait convaincu ces derniers que toute concession serait inutile. Macmillan suggéra que cette présence militaire témoignait d'un affaiblissement de la position de Khrouchtchev dans son pays. Alors, à quoi bon discuter avec lui ?

Pour le général de Gaulle, l'échec était cuisant et la déception énorme. Il avait consacré beaucoup d'efforts pour que ce sommet soit une initiative et une entreprise françaises. Durant le voyage de Khrouchtchev

1. André Fontaine, *La Tache rouge*, *op. cit.*, p. 283, citant Denna Frank Fleming, *The Cold War and its Origins*, Londres, Doubleday, 1961, t. I.

en France, il avait tenté de convaincre son invité que le sommet était la meilleure chance de faire avancer la cause de la paix en Europe. Et il se heurtait à un obstacle imprévu certes, mais dont Khrouchtchev s'était emparé sans hésitation. Cette hâte ne suggérait-elle pas que le Soviétique souhaitait trouver un prétexte à rompre, s'il n'obtenait pas ce qu'il réclamait, c'est-à-dire des concessions sur la question allemande[1] ?

Malgré sa déception, le général de Gaulle s'efforça d'abord de sauver le dialogue avec Moscou. S'exprimant le 31 mai, il critiqua l'attitude « jusqu'au-boutiste » de Khrouchtchev, mais réaffirmant sa foi dans une politique de détente. Cette réaction bienveillante fut de courte durée. Dès l'été 1960, les rapports entre Moscou et Paris se tendent, la question allemande et le désarmement sont à l'origine d'échanges acerbes.

Pour autant, les relations avec les alliés ne sont guère plus simples. Aux États-Unis, la campagne présidentielle, qui oppose Nixon et Kennedy, inquiète le Général. Le nouvel élu va-t-il renouveler les maladresses qui ont fait échouer le sommet ? Sera-t-il tenté de faire des concessions à Moscou pour établir un dialogue entre les deux grands par-dessus la tête des autres ? Après l'élection de Kennedy et aussitôt que s'annonce le dialogue à venir entre Kennedy et Khrouchtchev, le Général s'efforce d'installer la France dans ce paysage nouveau. À la fin du mois de mai, il reçoit le nouveau président américain à Paris. L'éclat de ce voyage est incomparable, tout est mobilisé pour convaincre le président américain de la puissance de la France et de sa capacité à tenir

1. Cf. *Comptes rendus du sommet et des entretiens*, DDF I, 1960, p. 659-679.

son *rang* dans la construction de l'Europe. S'entretenant avec Kennedy, le général de Gaulle s'emploie à lui faire entendre que la France, amie des États-Unis, n'est pas un *second* pour eux mais, comme il le répète et l'écrit « elle agit de son propre chef ».

Kennedy doit rencontrer Khrouchtchev à Vienne, aussitôt après avoir quitté la France. Le Général est hanté par la crainte de le voir nouer un dialogue à deux, un dialogue Washington-Moscou, en oubliant les autres États, et surtout la France, c'est pourquoi il s'est efforcé de convaincre son interlocuteur de la difficulté des rapports avec Moscou, de la duplicité de Khrouchtchev et de la nécessité pour le neutraliser d'agir de concert. Sur le problème allemand, il se fait d'autant plus insistant qu'il sait la volonté de Khrouchtchev d'en débattre à chaque occasion pour faire progresser sa position. Le Général sait aussi que Kennedy, inquiet d'une initiative soviétique en Allemagne, penche pour une négociation afin, dira-t-il, d'éviter le pire. Le Général objecte que toutes les négociations seront vaines, que les concessions qui tentent Kennedy et Macmillan en appelleront d'autres. Seuls un front commun des Occidentaux sur cette question cruciale, leur fermeté concertée, leur solidarité peuvent impressionner Khrouchtchev et prévenir la crise qu'appréhende le président des États-Unis. « Il faut faire comprendre à Khrouchtchev que si la bataille s'engage autour de Berlin, ce sera la guerre », insiste le président français.

La rencontre des deux grands à Vienne, où la menace de guerre a sans cesse plané sur les entretiens, est un échec. Khrouchtchev comprend qu'il ne peut compter sur les faiblesses du camp occidental ou sur leurs vues divergentes pour obtenir satisfaction. Il sait aussi combien la fermeté du président français a pesé dans le raidissement occidental. Mais il a compris également que le général de Gaulle est au même moment plus embarrassé que jamais par le « boulet algérien » où il tente désespérément d'aboutir à une solution. Des Occidentaux intraitables, le plus intraitable d'entre eux, de Gaulle, empêtré dans les affaires de la décolonisation : Khrouchtchev en conclut que le temps des atermoiements est passé, que celui de la confrontation est venu[1].

Un mur pour diviser Berlin

Khrouchtchev est convaincu qu'il n'obtiendra rien par la négociation. Reste donc le coup de force. Il décide alors de changer de sa seule initiative le statut de Berlin tel qu'il fut décidé en 1945. La nuit du 13 août 1961 s'inscrit dans l'histoire dramatique du retour à la guerre froide. L'événement prend le monde entier au dépourvu. Pourtant, l'été et la démobilisation des esprits, habituelle en cette saison, ont favorisé dans l'histoire européenne bien des « coups » tout aussi inattendus, tels l'attentat de Sarajevo en 1914 ou l'opération Barbarossa en 1941… Il en va ainsi en ce 13 août, un dimanche de surcroît, et en pleine nuit. Nul n'imaginait en cette nuit estivale l'événement qui allait bouleverser le monde. Cependant, on aurait dû s'y attendre. Depuis le début du mois d'août, Khrouchtchev avait été alerté par son homologue est-allemand Ulbricht sur l'hémorragie humaine qui vidait les universités, les hôpitaux, les entreprises de la RDA

1. *SSSR : Strany Afriki, 1946-1962, Dokumenty i materialy*, Moscou, 1963, t. 2, p. 405 *sqq*.

au profit de l'autre Allemagne. La frontière entre les deux Berlin, longue de quarante-trois kilomètres, était franchie par un nombre croissant de candidats au départ du « paradis communiste ». Le 7 août, Khrouchtchev, s'adressant à la radio et à la télévision, déclara : « Il faut mettre fin au trafic humain et fermer cette frontière qui ne sert plus qu'à "s'échapper". » Ce propos brutal ne faisait d'ailleurs que reprendre le commentaire du président de la commission des Affaires étrangères du Sénat américain, William Fulbright, qui avait déclaré le 13 juillet : « Les Allemands de l'Est n'ont qu'à fermer leurs frontières. Je crois qu'ils en ont le droit[1]. » Nul n'y prêta attention, peut-être en raison de la torpeur estivale. Mais Khrouchtchev en avait certainement fait son miel, s'il en était besoin.

Le conseil fut entendu puisque, à partir de minuit, en ce 13 août donc, la police de l'Allemagne de l'Est entreprit de poser des barbelés et des chevaux de frise tout au long de la frontière séparant les deux parties de Berlin. À une heure du matin, un communiqué officiel annonçait que la frontière resterait fermée jusqu'à la signature d'un traité de paix. Puis un mur de béton vint renforcer ce barrage. Pourquoi le renforcer puisqu'il n'y eut pas de tentative pour s'y opposer ? Le bourgmestre de Berlin-Ouest avait bien tenté d'appeler les grandes puissances au secours, mais la réponse ne fut pas à la hauteur de son attente ni du désespoir des habitants de la ville. Sans doute le général de Gaulle aurait-il demandé que « tout soit fait pour empêcher la construction de ce mur[2] ».

1. Arthur M. Schlesinger, *Les Mille Jours de Kennedy*, Paris, Denoël, 1966, p. 359.

2. Cité par Maurice Vaïsse, *La Grandeur, op. cit.*, p. 280.

Mais en pratique, les seules décisions prises se limitaient à adresser une protestation écrite au gouverneur militaire de Berlin-Est, signée des trois gouverneurs militaires occidentaux de Berlin-Ouest. Cette protestation n'était au demeurant assortie d'aucune demande de réouverture de la frontière. C'était seulement le constat indigné du fait accompli.

Le président Kennedy envoya alors à Berlin le vice-président Johnson, qui y vint, en compagnie du général Clay, constater la provocation, puis repartit en laissant à Berlin un renfort de mille cinq cents militaires. Au même moment, la France transférait une division d'Algérie en Allemagne, cela en dépit de ses difficultés sur le terrain qui exigeaient d'accroître les troupes sur place plutôt que de les alléger.

Le 5 septembre, commentant la crise de Berlin lors d'une conférence de presse, le général de Gaulle livra sa vision des initiatives soviétiques. « Dans le tumulte d'imprécations et de sommations organisé par les Soviets, il y a quelque chose de tellement arbitraire et de tellement artificiel qu'on est conduit à l'attribuer ou bien au déchaînement prémédité d'ambitions frénétiques ou bien à un dérivatif de grandes difficultés. » La seconde hypothèse correspondait réellement aux intuitions du général de Gaulle. Il entrevoyait déjà les inquiétudes des responsables soviétiques devant les oppositions qui montent alors à l'intérieur du camp socialiste. La Chine, en premier lieu. Le général de Gaulle pressent que ce pays est en train de défier Moscou et de poser un immense problème à la cohésion du bloc conduit par Moscou. De surcroît, le général de Gaulle est convaincu – et il ne cesse de le répéter à ses alliés – qu'en Europe Moscou est décidé à ne pas franchir certaines limites, à ne pas créer une crise fatale. Les faits lui donnent raison, puisque, le 17 octobre, Khrouchtchev s'adressant au XXIIe Congrès du Parti communiste de l'URSS déclare que, pour favoriser la poursuite des négociations, il retirait l'ultimatum qu'il avait fixé au président Kennedy à Vienne, en juin, lui annonçant la signature unilatérale du traité de paix avec Pankow le 31 décembre 1961, si ses exigences n'étaient pas retenues. Les responsables américains et anglais en concluent qu'il faut poursuivre des négociations, chercher un compromis, alors que, pour le général de Gaulle, cela signifie que seule la fermeté est payante. Mais cette fermeté est d'autant plus inconfortable que l'URSS pèse sur la France dans un autre domaine, celui de la question algérienne.

Déjà, le 3 août, dans une note adressée au gouvernement français, Khrouchtchev dénonçait une contradiction entre le soutien au droit des peuples à disposer d'eux-mêmes, que Paris invoquait dans la question allemande et la politique française en Algérie. On verra constamment Moscou mettre en avant la question algérienne pour souligner « les incohérences de la position française[1] ». Le 21 octobre 1961, Khrouchtchev annonça dans un grand discours que l'URSS reconnaissait le GPRA (Gouvernement provisoire de la République algérienne). Mais, contrairement à nombre d'autres États qui accordaient au GPRA une reconnaissance *de jure*, l'URSS se contentait avec prudence de s'en tenir à une reconnaissance *de facto*. Le général de Gaulle n'en

1. Cette relation est minutieusement développée par l'historienne russe Evguenia Obitchkina dans *De Gaulle et la Russie*, *op. cit.*, p. 226-230.

fut pas moins indigné et il convoqua l'ambassadeur Vinogradov pour l'informer que si l'URSS passait à une reconnaissance *de jure*, il y répondrait. Malgré cela, au lendemain même de la signature des accords d'Évian, le 18 mars 1962, Moscou annonce reconnaître *de jure* le GPRA comme gouvernement de l'État algérien[1]. La réaction française à cette intervention est immédiate. L'ambassadeur soviétique est convoqué par Maurice Couve de Murville, ministre des Affaires étrangères, qui lui rappelle que l'Algérie reste sous souveraineté française jusqu'au résultat du référendum à venir, et donc que le GPRA ne représentait aucun État algérien. Moscou maintient sa décision et par voie de conséquence les deux ambassadeurs Dejean et Vinogradov sont convoqués dans leur capitale respective. L'irritation de part et d'autre est à son comble, mais quelques jours à peine après avoir quitté Paris à l'injonction de son gouvernement en riposte à la réaction française, Vinogradov est de retour et manifeste son intention de travailler à apaiser les tensions.

Avec l'indépendance de l'Algérie proclamée à l'issue du référendum du 8 avril, la querelle s'éteint. Mais elle rebondit sur d'autres terrains, celui, classique, du désarmement où l'on retrouve d'ailleurs la question allemande, puis à Cuba. La querelle qui va se rouvrir porte sur la question des essais nucléaires. La décision prise par les États-Unis, la Grande-Bretagne et l'URSS en 1958 de suspendre pour un an les essais à haute altitude et d'étudier la possibilité de les interdire n'avait pas empêché la France, qui ne participait pas à l'accord, de réaliser ses essais à partir de 1960.

1. *Pravda,* 20 mars 1962.

On a vu plus haut que le général de Gaulle en avait malicieusement fait l'annonce à Nikita Khrouchtchev en le recevant à Paris. La France subit, sans jamais renoncer à ses essais, de vives attaques aux Nations unies. En mars 1962, alors même que se tourne la page algérienne, la France est confrontée à la conférence générale du désarmement organisée par le Comité des dix-huit que soutient fortement Khrouchtchev. Mais le général de Gaulle refuse d'y participer, il en explique la raison à Khrouchtchev[1]. Si, expose le Général, il est favorable à toute négociation qui fera progresser le désarmement, et avant tout dans le domaine nucléaire, il estime que la négociation doit rassembler les États possesseurs de l'arme nucléaire ou qui sont en voie de l'acquérir. De plus, constate-t-il, l'arrêt des expériences ne sera en rien un début de désarmement, puisque l'on préserve les stocks qu'ont constitués les puissances qui détiennent déjà l'arme nucléaire. À une négociation aussi vaine, il propose de substituer des mesures concrètes : la destruction et l'interdiction de véhicules propres à envoyer les bombes, en l'occurrence avions et fusées. Et le général de Gaulle informe ses partenaires qu'il entend pour sa part poursuivre les expériences qu'il a faites jusqu'alors, d'autant que les accords d'Évian prévoient que la France pourra continuer ses essais au Sahara. Moscou multiplie les critiques contre l'attitude française, invoquant trois arguments. Tout d'abord, Paris est accusé de vouloir exclure des négociations sur le désarmement les petites et moyennes puissances. Par ailleurs, l'Alliance atlantique sera bénéficiaire des essais nucléaires français

1. Lettre du 17 février 1962, LNC, 1960-1963, p. 210-212.

et, par voie de conséquence, l'Allemagne, que l'on n'oublie jamais à Moscou. Certes, elle ne peut accéder au nucléaire, mais l'axe Paris-Bonn, que l'on dénonce à loisir à Moscou au lendemain de la signature du traité de l'Élysée en 1963, n'ouvre-t-il pas à terme à l'Allemagne l'espoir de contourner cet interdit grâce à la France ? Enfin, l'utilisation du Sahara pour les expériences nucléaires offre de vastes possibilités de ranimer, quand besoin est, le thème du colonialisme ou plutôt du « néocolonialisme français ».

Le climat des relations franco-soviétiques, qui a été assombri par la crise de Berlin, se noircit encore davantage avec la querelle du désarmement. On rappelle volontiers à Moscou que le rapprochement Paris-Bonn comporte la possibilité d'une étroite coopération militaire entre les deux pays. Et que ce qui les unit dans leur propos, c'est la définition de la menace contre laquelle cette coopération se développe, c'est-à-dire le monde soviétique.

La crise de Cuba

À Moscou, on ne fut guère surpris par l'attitude de la France dans la crise qui allait mettre en péril la paix mondiale en octobre 1962 à Cuba[1].

A priori, la France n'était pas en cause, et la crise éclate à un moment où les relations franco-américaines ne sont pas particulièrement aisées. Le Laos, notamment, constitue entre les deux pays un sujet de désaccord. De manière plus profonde, le général de Gaulle s'inquiète tout à la fois de l'autorité croissante des États-Unis au sein de l'Alliance atlantique, mais aussi

1. Voir Maurice Vaïsse, dir., *L'Europe et la crise de Cuba*, Paris, Armard Colin, 1993.

– et cela justifie largement sa volonté de doter son pays de l'arme nucléaire – il a tiré de la crise qui vient de s'achever à Berlin la conclusion que les États-Unis ne sont pas prêts à engager toutes leurs forces, nucléaires avant tout, pour défendre l'Europe. Le concept de riposte graduée (*flexible response*) qui se dessine, convainc le général de Gaulle que l'Europe pourrait ne pas être une priorité pour les États-Unis, et que disposer de ses propres moyens de dissuasion est décisif. Cette réflexion n'a pas contribué à améliorer le climat des relations entre Washington et Paris.

Pourtant, dès le début de la crise de Cuba, les États-Unis peuvent constater que Washington n'a pas de soutien plus ferme que la France. Un mois auparavant, le président Kennedy avait fait savoir au général de Gaulle qu'il souhaitait débattre avec lui de la situation internationale, et il le conviait à Washington dès octobre ou novembre[1]. Le général refusa. Le 24 octobre, la crise éclate. Le président Kennedy décrète le blocus de l'île afin d'empêcher toute livraison aérienne et maritime d'armements. L'URSS, qui soutient le régime de Fidel Castro, a déployé sur l'île des bases de fusées et de bombardiers, ce qui constitue une menace directe pour l'Amérique. Les navires se rendant à Cuba seront, selon la décision américaine, coulés s'ils refusent de se laisser visiter. Or vingt-cinq cargos soviétiques avancent vers Cuba et la confrontation entre les deux grands semble inévitable. Bien plus encore qu'à Berlin, la paix mondiale est en jeu. En principe, les décisions américaines auraient dû être précédées de consultations avec les alliés. Le général de Gaulle

1. *Ibid.*, p. 152.

n'hésite pas, il assure d'emblée le président des États-Unis de son soutien total, même si Cuba jouit dans une partie non négligeable de l'opinion française d'un préjugé favorable que le PCF entretient. Ce soutien est confirmé, le 24 octobre, par un communiqué du Conseil des ministres qui dit : « la compréhension de la France » et « les engagements réciproques de l'Alliance atlantique sont et demeureront la base de la politique de la France ». Lorsque le Conseil de sécurité en débat les 23 et 24 octobre, la France affirme qu'elle est aux côtés des États-Unis, ce qui la place en opposition avec les pays du tiers-monde, conduits en l'occurrence par l'Algérie avec l'URSS. La fermeté du général de Gaulle et la spontanéité de son soutien n'ont pas d'équivalents dans le camp occidental. Il est remarquable que Macmillan, toujours enclin à temporiser, demande des preuves de la provocation soviétique avant de se prononcer clairement, alors que le général de Gaulle en a écarté d'emblée l'idée. Il avait affirmé sans hésiter qu'en cas de guerre la France serait aux côtés de l'allié américain[1].

La crise s'achève, non par le conflit redouté, mais par les concessions de Khrouchtchev. Le Secrétaire général de l'ONU avait proposé en guise de solution l'arrêt simultané du blocus et des envois d'armes. Kennedy exigea le démantèlement des bases avant toute suspension du blocus. Khrouchtchev annonça le 28 octobre qu'il retirait ses armements des bases cubaines et les renvoyait en URSS. Kennedy s'engagea en retour à ne pas envahir Cuba. La paix mondiale était sauvée.

1. Lettre de De Gaulle à Kennedy, 1/12/1962, LNC, 1961-1963, p. 278-279.

L'image de la France en était renforcée car, non seulement Paris avait été en tête des pays qui avaient soutenu la position américaine aux Nations unies, mais les renseignements fournis par les services français à leurs homologues américains leur avaient été précieux. La crise achevée, de Gaulle salua l'énergie et le courage du président américain, de quoi réchauffer encore les relations des deux pays[1]. Mais, dès que le sentiment du danger s'estompe, les nuages réapparaissent. La France se plaint d'avoir été, dans ce moment si périlleux, « informée mais non consultée », comme le voudrait une véritable alliance. Et surtout, le télétype installé entre Washington et Moscou, même s'il avait pour mérite de prévenir le retour de moments si périlleux, présente, le général de Gaulle en est conscient, un inconvénient pour son pays. Avec ce mode de communication, c'est un dialogue privilégié entre deux grands, plus grands que les autres, qui se renforce et qui peut légitimement inquiéter les puissances moyennes quant à leur place dans ce dispositif de relations exceptionnelles. De quoi confirmer le général de Gaulle dans sa conviction qu'au-delà de l'alliance transatlantique l'important pour la France est sa capacité à se protéger de manière indépendante, à disposer d'alliés proches – le traité de l'Élysée en est la traduction – et à élargir le champ de ses interlocuteurs. L'ouverture à l'Est de la période suivante sera la traduction de ce constat. En attendant le dégel de leurs relations, l'URSS adopte à l'égard de la France une attitude critique. L'Algérie ne pouvant plus être utilisée, c'est la relation franco-allemande qui sert de prétexte aux manifestations

1. DDF II, 1962, p. 192.

d'hostilité soviétiques. Le traité de l'Élysée offre ainsi un argument à ces critiques – au demeurant mesurées. Moscou proteste contre les clauses du traité qui prévoient une coopération militaire entre les deux États, demandant si l'Allemagne de l'Ouest va bénéficier de l'armement nucléaire que la France mettait en place. Une polémique s'engage par échange de notes où Moscou rappelle la force de l'alliance franco-soviétique, la menace d'une renaissance de l'esprit agressif de l'Allemagne. Paris répond en soulignant que la puissance croissante de l'URSS la met à l'abri de toute menace. Ce qui, conclut-on à Paris, impose que soit développé un climat de compréhension générale en Europe[1].

Le traité de Moscou sur le désarmement est signé le 5 août 1963. Ce traité, qui interdit les expériences nucléaires à l'exception des essais souterrains, est signé par plus de cent pays, mais il ne comporte pas la signature de la France. Comme la Chine, Cuba ou l'Albanie, mais, à la différence de l'URSS, le général de Gaulle a refusé ce qu'il tenait pour un pseudo-désarmement. Ce refus éloigna la France des États-Unis[2] et fut critiqué à Moscou, mais de manière modérée. Plus important aux yeux du Général, plus inquiétant aussi était le projet d'une négociation visant à établir un pacte de non-agression entre l'OTAN et les pays du pacte de Varsovie. Il le commenta avec lucidité : « On a parlé à Moscou d'un pacte entre les États qui font partie de l'OTAN et ceux qui sont

1. C'est ce que le général de Gaulle dit à Vinogradov le 12 juillet 1963, DDF II, 1963, n° 20.

2. Maurice Vaïsse, « La France et le traité de Moscou », *Revue d'Histoire diplomatique*, n° 1, 1993, p. 49 *sqq*.

soumis au joug du Kremlin. Je dois dire tout de suite que la France n'apprécie pas cette assimilation entre l'Alliance atlantique et la servitude communiste. » Ce que le général de Gaulle contestait, c'était une sorte de légitimation de la domination de l'URSS sur l'Europe de l'Est par un pacte qui eût établi une quasi-égalité entre les deux systèmes d'alliance. Légitimation et donc promesse de perpétuation.

À cette époque, le général de Gaulle est particulièrement sensible aux équilibres nouveaux qu'il voit surgir au sein du système communiste, en Europe de l'Est, et même dans le rapport des forces politiques du Kremlin. Dès la crise de Berlin, il avait pensé que les rodomontades de Khrouchtchev pouvaient avoir, entre autres explications, des désaccords au sein de l'équipe dirigeante et la volonté de Khrouchtchev d'affirmer son autorité par un coup de force. Dans l'affaire de Cuba, nul n'a ignoré que les décisions prises par Khrouchtchev étaient d'une grande légèreté. Il avait misé sur l'inexpérience ou le manque de courage du jeune président des États-Unis ; constatant sa fermeté, il avait très vite reculé. Ses offres quelque peu désordonnées d'échange de bases soviétiques à Cuba et américaines en Turquie[1] se signalaient par leur caractère improvisé conduisant à l'échec. De tous les grands dirigeants occidentaux occupant une fonction de premier plan dans les années 1960, le général de Gaulle était le seul à pouvoir comparer Staline et Khrouchtchev. Même s'il avait été absent de Yalta et

1. Robert Kennedy, *Thirteen Days. A Memoir of the Cuba Missile Crisis*, Paperback, 1969, p. 107-108 et Élie Abel, *The Missile Crisis*, Philadelphia, 1966, p. 36.

de Potsdam, il avait observé en acteur responsable les comportements des chefs d'État et il savait comment se comportait Staline. Il l'avait vu au faîte de sa puissance, quand les armées soviétiques ne conquéraient pas seulement l'Est européen, mais qu'elles terrifiaient les gouvernements d'Europe occidentale. En 1963, au contraire, le général de Gaulle constate avec un intérêt particulier les tendances nouvelles émergeant dans des pays comme la Pologne ou la Roumanie, qui commencent à contester la tutelle économique du Comecon et où s'engagent, certes avec prudence, des réflexions hétérodoxes sur l'économie, voire sur la politique imposée à l'ensemble du camp socialiste.

Et que dire de la Chine ? Le général de Gaulle a observé avec une très grande attention les craquements de l'amitié soviéto-chinoise car il est convaincu de leur caractère inévitable. Dès 1960, les premiers signes en sont visibles. En 1959, dans une conférence de presse, le général de Gaulle insistait déjà sur ce qui différenciait les deux grands États communistes : « Sans doute la Russie soviétique, bien qu'ayant aidé le communisme à s'installer en Chine, constate-t-elle que rien ne peut faire qu'elle-même ne soit la Russie, nation blanche de l'Europe conquérante d'une partie de l'Asie, en face de la multitude jaune qu'est la Chine, innombrable et misérable, indestructible et ambitieuse[1]. » Après la crise de Cuba où Khrouchtchev fut critiqué par Mao, la France et la Chine se retrouvent ensemble dans le camp des pays qui refusent l'accord de Moscou. La voie est prête pour établir une relation entre Paris et Pékin.

1. Datée du 10/11/1959, DM (*Discours et Messages*), t. III, p. 130, et *Mémoires d'espoir*, *op. cit.*, p. 1074.

C'est Edgar Faure qui est chargé d'une mission exploratoire à Pékin. Ce choix n'était pas anodin. Edgar Faure plaidait depuis près de dix ans pour que la Chine fût reconnue. Il avait relaté dans son livre, *Le Serpent et la tortue*, son voyage en Chine, où il affirmait la nécessité d'établir une relation directe avec ce grand pays, et il soulignait que celui-ci souhaitait trouver un interlocuteur ouvert sur le tiers-monde, ce qui était le cas de la France postcoloniale, soucieuse de conserver une position extraeuropéenne.

Ce voyage fut décisif. Le 27 janvier 1964, la France reconnaît le gouvernement de la Chine communiste et les deux pays décident d'échanger des ambassadeurs. L'affaire n'allait pas de soi car il fallait régler le difficile problème des relations avec Formose. Tchang Kaï-chek tenta de convaincre le général de Gaulle de ne pas céder à un pouvoir communiste, mais, en définitive, le Général décida de repousser la tentation d'une solution ambiguë. Pour la France, à partir de ce moment, la véritable Chine est celle que dirige Mao. Pour autant, l'attitude de la France reste prudente, Paris ne se prononce pas sur l'unité ou sur la division de la Chine, l'essentiel étant, pour le général de Gaulle, de ne pas ignorer un pays immense et très actif dans le tiers-monde. Cette reconnaissance inquiète les États-Unis qui s'efforcent de l'empêcher et avant de suivre cet exemple plus tard, sous la présidence de Richard Nixon. Contrariante pour Washington, l'initiative chinoise de la France aurait dû l'être tout autant pour Moscou dont les relations avec Pékin sont toujours plus polémiques. Pourtant, la décision du général de Gaulle y fut accueillie avec sérénité et une certaine hypocrisie. On déclara à Moscou que la France faisait preuve de « réalisme politique » en reconnaissant un État communiste. De la rupture sino-soviétique, les commentaires soviétiques ne faisaient pas mention. Cette aménité s'explique cependant par deux raisons. D'une part, on assiste au même moment à un certain réchauffement des relations entre Paris et Moscou, lié au développement de la coopération dans divers domaines. À cet égard, un domaine de coopération très intéressant pour l'URSS est celui des expositions « nationales ». Khrouchtchev en est un fervent partisan, et il en encouragea la tenue à Moscou. En 1959, l'exposition américaine connut un immense succès. Elle fut suivie par une exposition anglaise et, en 1961, par celle de la France, qui ouvrit ses portes le 15 août 1961. Les visiteurs s'y précipitaient, s'émerveillaient devant la dernière voiture produite par Renault, s'asseyaient dans les wagons de la SNCF et volaient les livres exposés. Les Soviétiques s'étaient rués en masse pour voir cette image de la France, ses réalisations, le génie et l'esprit français, l'opinion publique soviétique en fut durablement marquée[1]. Depuis lors, et en dépit des hauts et des bas de la relation d'État à État, des délégations économiques et scientifiques maintenaient le contact de manière permanente.

Par ailleurs, Paris et Moscou sont alors préoccupés de la même manière par la situation au Laos, au Cambodge et au Vietnam, ce qui entraînait des contacts fréquents entre les deux diplomaties. Enfin, les responsables soviétiques avaient constaté avec

1. Georges Bortoli, *Une si longue bienveillance, les Français et l'URSS, 1944-1991*, Plon, Paris, p. 96-97, et notes personnelles de l'auteur d'un entretien avec Georges Bortoli, Kiev, juillet 1992.

satisfaction qu'une certaine déception se manifestait à Paris à l'égard du traité franco-allemand dont les résultats se faisaient attendre. Du coup, Moscou concluait que l'axe Paris-Bonn était moins inquiétant que prévu. Ces divers éléments créèrent dans la relation franco-soviétique une atmosphère de détente, qui, succédant aux crises de 1961-1962, a été favorable à la multiplication de contacts officiels. En janvier 1964, le ministre français des Finances, Valéry Giscard d'Estaing, se rend à Moscou. Le mois suivant, c'est au tour du vice-président du Conseil soviétique de l'URSS, Roudniev, de venir débattre à Paris des problèmes de coopération liés à son domaine. En février-mars 1964, c'est Podgorny, membre du Présidium et du Comité central, qui déclara au terme de sa visite : « Les Soviétiques comprennent que la France, grande puissance ayant un poids et une influence internationale considérables, peut faire beaucoup pour la détente. »

Le 14 octobre 1964, le monde apprend avec stupéfaction que Nikita Khrouchtchev n'est plus le maître de l'URSS. Son retrait du pouvoir (version officielle), ou sa chute, a eu lieu dans des conditions si inédites que partout on s'interroge. Quelles seront les conséquences du départ de celui qui a prôné la coexistence pacifique ? Et que signifie cette mise à l'écart ? Est-ce le résultat d'une lutte interne pour le pouvoir ou d'un désaccord sur le fond, sur ce qu'a représenté Khrouchtchev, c'est-à-dire la déstalinisation et la coexistence pacifique ? Mais les conditions du changement à Moscou sont rassurantes. Contrairement aux usages de l'URSS, Khrouchtchev a perdu le pouvoir de manière étonnamment paisible. La raison officielle en est « son âge avancé et l'aggravation de son état de santé[1] ». Khrouchtchev se repose alors à Pitsounda, au bord de la mer Noire, où il reçoit Gaston Palewski qui lui apporte un message du général de Gaulle. Il ne se doute pas alors que le Politburo a profité de son absence pour se réunir et ouvrir son procès. Aux critiques sur sa politique agricole s'ajoute – et c'est peut-être l'essentiel – le reproche d'avoir conduit une politique étrangère irresponsable qui, à Berlin et à Cuba, a failli déclencher un conflit mondial. Il lui est aussi reproché d'avoir dit que « si l'URSS et les États-Unis s'entendent, il ne peut y avoir de guerre ».

La réunion du Politburo terminée, Khrouchtchev est ramené d'autorité à Moscou, soumis à une violente critique et contraint de démissionner de toutes ses fonctions. Là s'arrête l'épreuve. Il doit se retirer, respecter le silence qui lui est imposé, mais, contrairement aux crises politiques du passé, il n'y perd pas la vie. Et le « moujik débonnaire » ne mobilise pas longtemps l'attention des grandes capitales, qui s'intéressent surtout à ses successeurs.

Un trio s'installe au pouvoir. La critique du pouvoir personnel de Khrouchtchev, cause aussi de ses excès, qui fut si violente lors de sa chute, impose cette division des tâches. Le gouvernement revient à Kossyguine, le Parti à Leonid Brejnev, la fonction collective de chef de l'État à Mikoyan. Auprès d'eux, Podgorny, qui avait, peu de mois auparavant, salué, à son départ de Paris, « l'immense responsabilité de la France et de l'URSS dans le maintien de la sécurité de

1. *Pravda*, 15 octobre 1964, qui reprend un communiqué du Comité central du PCUS.

l'Europe », reste l'une des figures puissantes du Parti. Encore quelques mois et un nouvel épisode de chaises musicales conduit Podgorny à remplacer Mikoyan, démissionnaire pour « raisons d'âge ». Le poste de chef de l'État collectif qu'il va occuper est de pure forme. Le pouvoir est dès lors partagé entre Brejnev et Kossyguine, des hommes moins imprévisibles, pense-t-on à l'Ouest, que l'impétueux Khrouchtchev. La marche vers la détente peut s'engager.

La détente, à la « manière » de Gaulle

L'année 1964 n'aura pas seulement été marquée par l'arrivée d'une nouvelle équipe au Kremlin. Deux événements auront alors conforté le général de Gaulle dans sa conviction qu'un nouveau climat international s'installait, favorisant une politique hardie face au monde communiste. L'un de ces deux événements était européen, ce fut la visite en France du chef du gouvernement roumain, Ion Maurer, en juillet. Le second eut lieu en Asie, deux jours après la chute de Khrouchtchev, ce fut l'éclatement de la première bombe atomique chinoise. Ces deux événements étaient apparemment sans relation l'un avec l'autre, mais ils allaient avoir des conséquences importantes dans le développement de la politique française de détente.

Premier de ces événements, la visite que Ion Maurer effectue en France en juillet 1964[1]. Il a souhaité ce voyage et le général de Gaulle l'y a encouragé. L'évolution de la Roumanie au sein du bloc communiste retient en effet l'attention du Général. Jusqu'en 1962,

1. *Scinteia*, 23 avril 1964.

ce pays ne semblait s'écarter que modérément de la « famille socialiste ». C'est que la préoccupation principale des Roumains était d'abord d'obtenir le retrait des troupes soviétiques qui occupaient leur sol depuis la guerre. Aussitôt Staline disparu, le gouvernement roumain demanda à Khrouchtchev d'accomplir ce vœu. Khrouchtchev y répondit après 1958. Il avait réussi alors à se débarrasser de ses rivaux et il prit la décision, quasi miraculeuse, qu'espéraient les Roumains, de libérer leur pays des troupes soviétiques. Khrouchtchev justifia cette décision en invoquant la nécessité de faire des économies, et, surtout, en exprimant la conviction que le régime roumain dirigé par Gheorghiu-Dej ne s'écarterait pas de la voie tracée par Moscou. Pourtant, les illusions de Khrouchtchev volent bientôt en éclats. En 1962, la Roumanie entre en rébellion contre le Comecon, contestant ses orientations économiques. En juin 1962, en effet, lors de la réunion de l'organisation à Moscou, il avait été précisé que « la division internationale socialiste du travail » imposait que soit réalisé le gigantesque plan de « rattrapage et de dépassement des États-Unis » présenté par Khrouchtchev l'année précédente, du coup, la mobilisation de toutes les capacités du monde socialiste était décrétée. Or la Roumanie avait elle-même adopté en 1960 un plan ambitieux d'industrialisation, incompatible avec les efforts que le Comecon réclamait. C'est la rupture. La Roumanie proclame son opposition aux exigences du Comecon et cherche du secours hors de l'alliance soviétique. Le conflit Moscou-Pékin lui ouvre à cet égard de séduisantes perspectives. Le gouvernement roumain prétend jouer les médiateurs entre Moscou et Pékin, mettant en question le bien-fondé de la position soviétique tout autant que celle de Pékin. Gheorghiu-Dej prend dès lors la posture d'un dirigeant « national », presque indépendant de Moscou. En recevant son Premier ministre, le général de Gaulle constate combien est fondée son intuition de longue date que l'ensemble communiste n'est rassemblé que superficiellement par l'idéologie, alors que l'aspiration à défendre les intérêts nationaux monte partout. Pékin, Bucarest en sont autant d'exemples. Et le Général trouve chez Ion Maurer un homme qui a vécu en France, qui pratique un excellent français, fort d'une grande confiance à l'égard de la France. Car c'est bien là ce que lui dit le Premier ministre roumain, prudent d'ailleurs dans son propos, mais affirmant que le temps de l'*alignement* stalinien est révolu et que les pays soviétisés ont la possibilité de s'orienter dans une voie nationale en profitant du climat de paix. Ce que demande Maurer, c'est que les pays de l'Ouest multiplient les contacts et, si possible, les échanges avec chaque pays de l'Est européen. La position roumaine est remarquable et le général de Gaulle s'y est particulièrement intéressé parce qu'elle suggère une voie prudente pour desserrer l'étau soviétique. Le régime roumain reste inattaquable sur le plan des principes que Moscou a imposés au sein du monde communiste, mais il entend, se réclamant d'un monde apaisé, jouir d'une certaine indépendance. N'est-ce pas de manière générale l'espoir du général de Gaulle d'arriver à desserrer la contrainte des alliances, des blocs et d'engager un dialogue entre États européens ? L'ambassadeur François Puaux, qui était directeur de l'Europe au ministère des Affaires étrangères en 1964, a apporté sur cette visite et sur les sentiments du général de Gaulle un témoignage fort intéressant.

Maurer lui a dit en gros : « Nous avons des relations avec l'Amérique qui cherche à nous dissocier du bloc socialiste. Avec les Allemands ? Cela porte uniquement sur les affaires. Avec vous, Français, nous pouvons avoir des entretiens beaucoup plus confiants... », et à la question du général de Gaulle : « M'auriez-vous parlé ainsi il y a cinq ans, il y a un an ? », Maurer répondit : « La mort de Staline a changé l'atmosphère dans le camp socialiste et la querelle entre Moscou et Pékin a modifié complètement notre situation. » Le Général de conclure : « Rien ne s'oppose à ce que nous développions notre coopération, et les différences des systèmes idéologiques ne doivent pas y faire obstacle[1]. »

Le second événement qui pèse aussi sur la vision politique du général de Gaulle est l'explosion de la première bombe atomique chinoise. Les Chinois avaient salué, le 14 octobre, l'éviction de Khrouchtchev, inventeur d'un « réformisme » que Pékin n'acceptait pas. La bombe, éclatant aussitôt après, était une autre manière de saluer son départ. L'événement fit grand bruit dans le monde. Les commentateurs en concluaient que les États-Unis devraient reconnaître la Chine – ce qui n'arriva que longtemps après – et que les Nations unies avaient à accueillir au plus tôt ce pays dont la puissance n'était plus à démontrer. À Moscou, la réaction fut plus ambiguë. On salua l'exploit « d'un grand pays socialiste » et l'on émit l'hypothèse optimiste que la Chine, sûre d'elle-même et satisfaite des changements de la direction soviétique, y trouverait toutes les raisons d'une relation apaisée avec Moscou.

1. François Puaux, entretiens avec Maurice Vaïsse, 31 octobre 1989, direction des Archives diplomatiques A034.

Tout d'abord, cet espoir parut se confirmer puisque Zhou Enlai vint à Moscou participer à la célébration de l'anniversaire de la révolution. Il déclara, comme l'espéraient les nouveaux maîtres de l'URSS, que « les difficultés qui avaient surgi entre nos deux pays peuvent être surmontées ». Mais l'éclaircie fut brève, puisque le même Zhou Enlai évoque, quelques mois plus tard devant la Grande Assemblée nationale, le projet d'une grande révolution prolétarienne qui, même si elle ne sera lancée qu'en 1966, est annonciatrice d'un combat renouvelé contre les « révisionnistes ». Le Général a vu juste : la querelle entre Moscou et Pékin n'est pas près de s'éteindre et elle ouvre aux pays d'Europe de l'Est des perspectives nouvelles. Le monde communiste qui revendiquait son unité tend à devenir polycentrique.

Au même moment, du côté de Moscou, le désir d'un rapprochement avec la France se précise. Le 22 décembre, le Premier ministre d'URSS, Kossyguine, s'adresse à l'ambassadeur de France, Philippe Baudet, avec une série de propositions. L'ambassadeur souligne « l'intérêt de Moscou pour la politique d'indépendance de la France ». Dans son mémorandum, Kossyguine propose des relations plus poussées, des concertations régulières entre Paris et Moscou, et, dans la mesure du possible, la recherche d'une nouvelle forme contractuelle pour ces relations. Il faut rappeler ici que le traité d'alliance signé par le général de Gaulle à Moscou, en 1944, a été dénoncé par les Soviétiques en 1955[1]. Dix ans plus tard, Kossyguine déplore cette absence

1. Cf. l'étude de Chantal Morelle de « la dénonciation du pacte franco-soviétique », in *De Gaulle et la Russie*, *op. cit.*, p. 174-180.

de relations formelles entre les deux pays. La réponse française est tout à la fois encourageante et attentive à souligner les divergences. L'accord est réel sur la volonté de rapprochement, particulièrement sur des sujets qui méritent une concertation, tel le désarmement. Mais, prévient Maurice Couve de Murville, il ne faut pas mettre en cause l'Alliance atlantique qui reste indispensable pour « assurer l'équilibre des forces » dans le monde et notamment en Europe. On ne peut non plus revenir sur le statut de la RDA. L'Allemagne est à la fois le point d'accord et de désaccord entre Paris et Moscou. Sur les frontières, sur la question des armes nucléaires, auxquelles l'Allemagne, ne peut avoir accès, l'accord existe. Mais la France ne tient pas la République de Pankow pour un État et elle n'évoluera pas sur ce point. En revanche, Paris comme Moscou s'inquiètent de l'escalade au Vietnam, et les deux plaident pour une solution négociée.

En dépit de ces réserves, les ouvertures de Kossyguine seront suivies de contacts très positifs. Le ministre français de l'Information, Alain Peyrefitte, négocie au cours de son séjour à Moscou – 7-11 janvier – un accord de coopération pour le développement de la télévision en couleur, qui est signé à Paris le 22 mars[1]. Le projet de coopération autour de la télévision en couleur aura tenu une grande place dans le rapprochement franco-soviétique. Cela tient au fait que le général de Gaulle s'y est d'emblée impliqué. Au milieu des années 1960, la télévision en couleur est un projet qui mobilise les opinions, c'est l'enjeu d'une forte rivalité américano-européenne et américano-française. Le Général s'y est investi

1. *Le Monde*, 24 mars 1965, dossier complet sur le sujet.

avant tout parce qu'il s'inquiète du fossé technologique qui tend à s'élargir entre les États-Unis et l'Europe, dans son esprit, cela ne peut qu'accroître la dépendance des États européens à l'égard des États-Unis. De là l'intérêt passionné qu'il porte à un domaine où la France a démontré sa capacité à innover. La télévision en couleur est le procédé Secam (Séquentiel couleur à mémoire) inventé par un ingénieur français, Henri de France ; le Général espère le voir adopter par toute l'Europe en quête d'unité en matière de communication. Mais, face au Secam, les États-Unis entendent imposer leur NTSC ou National Television System Committee. En Europe aussi, la technologie française se heurte à un concurrent, le Pal – Phase Alternate Line (ou Phase Alternative Line) –, élaboré par un ingénieur allemand travaillant pour la société Telefunken : Walter Bruch. Les responsables français, et Alain Peyrefitte ministre de l'Information s'en fait le porte-parole, tentent de convaincre les responsables de la République fédérale de l'intérêt d'établir une collaboration franco-allemande et de proposer un projet commun propre à concurrencer le procédé américain en Europe. Devant le refus allemand de promouvoir une coproduction franco-allemande, le Général voit dans une coopération franco-soviétique la réponse alternative à ce défi. On constate ici combien la conviction du général de Gaulle qu'une politique de coopération Est-Ouest peut être utile non seulement aux pays qui s'engagent dans cette voie, mais aussi au progrès d'un climat de détente, est déjà inscrite dans ses décisions. C'est le moment où, du côté soviétique, les efforts en direction de la France pour promouvoir une relation plus étendue, s'intensifient. L'ambassadeur Vinogradov, interlocuteur écouté par le général de Gaulle, insiste sur ce thème et dit au Général, lors de l'entrevue que celui-ci lui accorde le 25 janvier, que « le procédé français de télévision en couleur a suscité un grand intérêt à Moscou et que, dans ce domaine, des perspectives favorables s'ouvrent à la coopération franco-soviétique[1] ». Ce propos rend bien compte du climat qui s'établit lors du voyage d'Alain Peyrefitte du 7 au 11 janvier, voyage consacré précisément à cette coopération en matière de communication et surtout à la télévision en couleur. L'accueil très favorable que le procédé Secam a rencontré alors à Moscou tenait à la fois, comme l'a constaté et rapporté l'ambassadeur de France, à « sa supériorité technique et à son côté *ouvert* » qui permettait de passer à une véritable coopération. Mais, pour les Soviétiques, cette coopération avait aussi une valeur symbolique, puisqu'elle paraissait être un premier pas dans la voie d'une coopération allant de la technique à la politique. On voit ainsi se développer, autour du projet de télévision en couleur en coproduction franco-soviétique, une certaine rencontre entre les vues du général de Gaulle sur les perspectives politiques ouvertes par des coopérations techniques et scientifiques et les espoirs soviétiques de rapprochement avec la France et le monde occidental. Cela explique cette négociation longue et obstinée conduite par Alain Peyrefitte, accompagné à toutes les étapes par un grand diplomate, François de Laboulaye, qui la suivra jusqu'à son terme.

Le 22 mars 1965, les pourparlers engagés en janvier à Moscou débouchent sur un accord gouvernemental

1. Entretien de Gaulle-Vinogradov, 25/1/1965, DDF I, 1965, p. 94.

cosigné à Paris par le ministre et l'ambassadeur Vinogradov. Aux termes de cet accord, un procédé commun de télévision en couleur doit être développé par les deux pays à partir du Secam. L'opinion française y applaudit, mais l'extension à l'Europe du projet sera un pari perdu. L'échec est dû à l'opposition de la RFA, mais aussi aux rivalités qui sont grandes. Le refus du Secam, qui est exprimé à la conférence de Vienne à la fin du mois de mars, exaspère le général de Gaulle qui y voit un signe de la dépendance de la plupart des pays européens à l'égard des États-Unis. Mais ce refus renforce les chances d'un rapprochement franco-soviétique. La visite à Paris du ministre soviétique des Affaires étrangères, Gromyko, en avril, témoigne à cet égard de la volonté de Moscou de trouver de nouveaux terrains d'entente. Cette visite avait été préparée par le nouvel ambassadeur nommé à Paris, en mars, Valerian Zorine. Nomination significative, car l'intéressé est vice-ministre des Affaires étrangères et membre du Comité central, ce qui atteste l'importance accordée à sa mission. Gromyko s'entretint avec le général de Gaulle le 27 avril[1]. Au cours de cette longue entrevue, les deux interlocuteurs ont constaté qu'ils avaient des points d'accord – notamment leur commune inquiétude sur le Vietnam. Sur ce point, et plus généralement sur la situation dans le Sud-Est asiatique, les deux parties sont d'accord sur le nécessaire retour aux principes de Genève, mais dès qu'on entre dans le détail des conditions de ce retour, les vues françaises et soviétiques divergent. Pour Moscou, l'évacuation

1. Entretien de Gaulle-Gromyko, 27/4/1965, DDF I, 1965, p. 489-496.

des troupes américaines est un préalable à la tenue de la conférence. Couve de Murville y répond qu'un tel préalable ruinera toute chance de réunir une conférence ; que le plus sage est par conséquent de commencer par le Cambodge, de régler le conflit qui le ravage et d'en faire un exemple pour la discussion sur le Vietnam en abandonnant toute condition préliminaire.

Il en alla de même de la question du désarmement ; tandis qu'à Moscou on plaidait pour la tenue immédiate d'une conférence plénière aux Nations unies, Paris objectait qu'il y fallait d'abord une atmosphère de détente peu envisageable dans le contexte de crise aiguë dans le Sud-Est asiatique.

S'agissant de l'Allemagne, sujet inévitable, l'interdiction faite à l'Allemagne d'accéder à l'armement nucléaire était un point d'accord aisé à souligner. Mais le général de Gaulle insista sur la position française à l'égard de l'Allemagne divisée, position qui était bien éloignée de celle de Moscou. Pour la France, même si, répéta le général de Gaulle, « la réunification allemande n'est pas inscrite dans un proche avenir, la division n'est pas une réalité durable, parce que trop contrainte à la nature des choses ». D'où l'hostilité réaffirmée de la France à la signature d'un traité avec l'Allemagne. Mais ces différences ayant été marquées et enregistrées par Gromyko, reste ce que Moscou tenait alors pour essentiel : la possibilité de coopérer dans divers domaines pour favoriser un rapprochement entre les deux pays. Zorine, qui relayait les propos de Gromyko, plaidait que les lenteurs de l'adoption du Secam ne devaient pas décourager la France, ni freiner le développement de la coopération technologique dans le domaine de l'espace, proposition qui recueille l'accord sans réserve du général de Gaulle. Elle fut d'ailleurs reprise dès le lendemain par le Premier ministre Georges Pompidou lorsqu'il reçut à son tour Gromyko[1]. Le ministre soviétique des Affaires étrangères ouvrit l'entretien en assurant son interlocuteur de « la volonté soviétique de rechercher une amélioration durable des relations entre la France et l'URSS ». Pompidou évoqua pour sa part le déséquilibre caractérisant les échanges économiques, le fait que la part de la France y était nettement inférieure aux accords passés à l'automne 1964. Et il constata aussi un grand retard dans le domaine des relations culturelles. Gromyko y répondit en reconnaissant un tel état des choses et en avançant des propositions propres, dit-il, à l'améliorer. Ainsi, il serait bon, dit-il, d'instituer un mécanisme de consultations régulières et, plus encore, de formaliser par un nouveau texte la relation franco-soviétique. Enfin, il mit en avant le souhait des responsables soviétiques de recevoir le général de Gaulle en URSS dans un proche avenir. À l'appui de cette invitation, Gromyko rappela le voyage de 1944 et sa conclusion, le traité signé alors et, hélas, dénoncé dix ans plus tard. L'aspect le plus remarquable, peut-être, des échanges qui eurent lieu durant la visite de Gromyko à Paris, était le climat international nouveau que chacun des participants invoquait. Le général de Gaulle insista sur le fait que si la France avait été durablement inquiète de la puissance soviétique, elle ne l'était plus parce que l'URSS lui avait donné des motifs de croire à un changement profond. « Nous croyons aujourd'hui que vous vous êtes détendus », affirme alors le Général,

1. DDF I, 1965, p. 496-499.

qui ajoute : « Pour des raisons tant intérieures qu'extérieures, la Russie soviétique est moins menaçante qu'elle ne le paraissait. Pour ces différentes raisons qui tiennent à votre histoire et à la nôtre, nous sommes maintenant portés à nous entendre avec vous[1]. »

Malgré les divergences constatées par les deux parties, les entretiens de Gromyko aboutirent à des conclusions relativement optimistes. Le général de Gaulle se déclara favorable à des conversations bilatérales sur les divers sujets, prêt à développer les coopérations techniques, prêt à visiter l'URSS comme il en était prié... mais réservé à l'idée de signer un nouveau traité.

En dépit de réelles divergences sur certains points et de réticences diverses, la visite de Gromyko à Paris contribua à un incontestable réchauffement entre Paris et Moscou. Et elle ouvrit la voie à des décisions propres à renforcer ce climat transformé et à préparer le voyage en URSS, dont le principe avait été accepté par le général de Gaulle. Les échanges culturels font l'objet d'un protocole signé à Moscou le 12 mai. Ce protocole est suivi quelques jours plus tard par un accord portant sur l'échange de chercheurs dans le domaine du nucléaire civil.

Comment s'étonner que, dans sa conférence de presse du 9 septembre[2], le général de Gaulle évoquant les rapports qui se développent avec l'URSS, mais aussi avec la Pologne et la Roumanie, parle de « l'entente constructive depuis l'Atlantique jusqu'à l'Oural ».

1. Entretien cité DDF I, 1965, p. 491.

2. Texte dans *L'Année politique 1965*, p. 435-442, et commentaire de ce propos par Kossyguine adressé à l'ambassadeur à Moscou ; télégramme du 11/9/1965, DDF II, 1965, p. 319-320.

Certes, la formule n'est pas nouvelle – le Général l'a fréquemment utilisée depuis 1950. Mais comme l'observe Alain Larcan[1], qui a consacré un remarquable ouvrage à « une certaine idée de l'Europe » du général de Gaulle, celui-ci, lorsqu'il avance cette définition au début des années 1950, a d'abord dans l'esprit une perception géographique, il y revient peu d'années plus tard en y ajoutant une dimension historique. Il dit alors : « La Russie et la France, deux nations très anciennes, filles d'une même mère, l'Europe », ce qui renvoie à la vision d'Albert Sorel, que le Général, si féru d'histoire, n'a pu ignorer. Mais au début des années 1960, notamment lors du voyage en France de Nikita Khrouchtchev, ce que recouvre la formule du Général, c'est la conception politique d'un espace qui pourrait être transformé par la volonté de rapprochement des peuples. La continuité européenne de l'Atlantique à l'Oural est celle que l'histoire a forgée, que la volonté commune de paix pourrait restaurer au-delà des divisions stériles de l'idéologie. Et, par ce rapprochement, les peuples de l'Europe jouiraient de la liberté. Tout le projet du général de Gaulle, pour la période qui s'ouvre alors, est inscrit dans cette phrase.

1. Alain Larcan, « L'Europe de l'Atlantique à l'Oural », in *De Gaulle et la Russie*, *op. cit.*, p. 286 *sqq.*, et surtout *Charles de Gaulle. Une certaine idée de l'Europe*, Paris, Bartillat, 1999.

III

Pour en finir avec Yalta : la détente

1966 a été dans l'histoire des relations franco-soviétiques une année particulièrement mémorable. Elle fut, à bien des égards, un aboutissement de la politique russe du général de Gaulle, et elle a ouvert la voie à une transformation, à moyen terme, du paysage politique de l'Europe. On ne peut s'engager dans cette année si riche sans considérer au préalable l'événement qui pesa aussi sur le dialogue Paris-Moscou : la décision du général de Gaulle de retirer la France du commandement intégré du Pacte atlantique.

Retrait partiel de l'OTAN : une décision qui déconcerte

Dès son retour au pouvoir, le général de Gaulle avait mis en question l'appartenance de la France à l'OTAN. Le mémorandum du 17 septembre 1958 qui demandait aux responsables anglo-américains l'établissement d'une direction tripartite de l'Alliance incluant la France en fut le point de départ. Le Général nota dans ses *Mémoires* : « Ainsi que je m'y attends, les deux destinataires de mon mémorandum me répondent évasivement. Rien ne nous retient donc d'agir[1]. »

Et l'action avait suivi. Dès mars 1959, le Général retira la flotte de Méditerranée du commandement intégré. Il avait alors justifié sa décision par les nécessités du trafic avec l'Algérie, mais la fin de la guerre dans ce pays ne le fit pas revenir en arrière. Les troupes de retour du Maghreb ne furent pas intégrées dans le dispositif de l'OTAN. Le 21 juin 1963, le général de Gaulle passait à l'étape suivante de son projet en retirant de l'OTAN la flotte de l'Atlantique Nord. Quelques semaines plus tard, le 3 août, les États-Unis, la Grande-Bretagne et l'URSS signaient un accord interdisant les essais nucléaires, et la France refusa de s'y joindre. Le retrait des forces navales françaises de l'OTAN, la volonté de conserver à la France son indépendance nucléaire forment un tout, répondant en premier lieu au refus américain de placer l'OTAN sous l'autorité d'un triumvirat comme l'avait souhaité le général de Gaulle. Ces décisions répondaient aussi à l'adoption de la théorie de la riposte graduée, prônée par McNamara, qui fut substituée à la riposte massive, défendue par Foster Dulles. La préférence accordée à la riposte graduée jetait le doute sur l'éventualité d'une intervention nucléaire des États-Unis en Europe et mettait en lumière la vulnérabilité de la partie occidentale du continent face aux initiatives de la puissance soviétique[2]. Pour le général de Gaulle,

1. *Mémoires d'espoir*, *op. cit.*, p. 1057-1058 ; sur cette décision, voir aussi l'excellent ouvrage de Guy de Carmoy, *Les Politiques étrangères de la France*, notamment p. 370.

2. Frédéric Bozo, *Deux stratégies pour l'Europe*, Paris, Plon, 1966, p. 263.

il est évident que la France devait se doter d'urgence d'armements nucléaires et conventionnels et non plus se reposer sur une défense intégrée. Les dispositions ordonnant le retrait de la flotte furent complétées par l'interdiction faite aux Américains de stocker des armes atomiques en France. Enfin, le général de Gaulle décida de reprendre le contrôle total de l'espace aérien français.

Pour autant, la France restait intégrée dans l'Alliance par ses forces de métropole et par la présence d'unités américaines, anglaises et canadiennes sur son sol. Le général de Gaulle avait déjà évoqué l'éventualité de ce désengagement dans son entretien avec Kennedy, lors de la visite du président américain à Paris en 1961, mais il l'avait alors assuré qu'aussi longtemps que pèserait la menace soviétique sur Berlin il ne prendrait aucune disposition concernant l'OTAN. En 1966, il en va tout autrement, la crise de Berlin appartient au passé et le rapprochement avec l'est de l'Europe n'est plus limité à la seule Roumanie.

Déjà l'année précédente, le 9 septembre 1965, le général de Gaulle déclarait dans une conférence de presse que les Français « disposés à rester les alliés de nos alliés » allaient mettre fin à la « subordination qualifiée d'intégration au plus tard en 1969 ». La date butoir n'était pas choisie au hasard, c'était celle du vingtième anniversaire du Pacte atlantique conclu en 1949. L'ambassadeur de France à Bonn écrit à son ministre[1] : « Sous l'apparence du sang-froid, l'amertume est mal contenue. La France peut-elle se soustraire à ses engagements ? » Et il ajoute que le propos

1. Télégramme de l'ambassadeur de France à Bonn au ministre, 11/9/1965, DDF II, 1965, p. 318-319.

du général de Gaulle a bouleversé les responsables et l'opinion en RFA. Au même moment, Kossyguine, accueilli au pavillon français de l'Exposition internationale de Chimie à Moscou par l'ambassadeur de France, commente ainsi la décision française : « Nous en sommes extrêmement heureux. »

Pourtant, le Général ne va pas attendre 1969 pour agir et précipite peu après le cours des événements. Le 7 mars 1966, il adresse une lettre au président Johnson pour l'informer que la France entend « recouvrer sur son territoire l'entier exercice de sa souveraineté en mettant fin à sa participation aux différents commandements intégrés de l'OTAN, en invitant les troupes étrangères à quitter son sol et en soumettant l'utilisation de son espace aérien par des appareils alliés à un régime d'autorisation préalable[1] ». Le 9 mars, il annonce cette décision aux chefs des gouvernements anglais et allemand dans une lettre remise à leurs ambassadeurs par Maurice Couve de Murville.

Puis, le 10 mars, le général de Gaulle transmet à tous les alliés de l'OTAN[2] un mémorandum constatant qu'aucune réforme de l'Alliance n'avait été engagée, que, tout au contraire, le statu quo avait prévalu, on avait même renforcé une situation qui, du point de vue français, était jugée inacceptable. En

---

1. Texte dans le télégramme du ministre à l'ambassadeur aux États-Unis, M. Lucet, 7/3/1966, DDF I, 1966, p. 381-382.

2. « Le ministre a ajouté qu'une note officielle serait remise la semaine prochaine à tous les pays membres de l'Alliance. » Télégramme du ministre à M. Lucet, 8/3/1966, *op. cit.*, p. 389-391 (les textes annoncés suivent).

conséquence de cette décision, la France demandait le retrait des forces aériennes et terrestres stationnées en Allemagne, affectées au commandement allié en Europe, et le transfert hors de France du siège des commandements alliés situé à Rocquencourt et Fontainebleau. Le mémorandum précisait, pour les responsables politiques du Canada comme pour ceux des États-Unis, le refus du gouvernement d'accepter que stationnent plus longuement sur des bases françaises les forces de ces deux pays. La date ultime fixée pour ces retraits était le 1er juin 1967. Si les réactions de la plupart des pays membres de l'OTAN furent critiques à l'égard d'une décision qui, considéraient-ils tous, menaçait l'avenir de la communauté atlantique, elles variaient cependant d'un allié à l'autre. Aucun membre de l'Alliance ne songea à imiter la France. L'Allemagne en fut particulièrement affectée, car la guerre du Vietnam, qui atteint alors un paroxysme, a déjà conduit les États-Unis à retirer des unités stationnées sur le sol de la RFA pour les envoyer au combat. La Grande-Bretagne, de son côté, avait pris des mesures semblables dictées par la volonté de limiter ses dépenses militaires. Et avec plus ou moins de modération, tous les Alliés s'interrogent, la politique extérieure française ne serait-elle pas en train de s'orienter vers le neutralisme ? L'opinion américaine sera particulièrement virulente à cet égard, pointant l'égoïsme et l'ingratitude de la France, suggérant qu'elle « souhaiterait peut-être que l'on retire aussi de son sol les morts américains qui se sont sacrifiés pour la libérer[1] ».

1. Cité par Maurice Vaïsse dans *La Grandeur*, *op. cit.*, p. 388.

Mais le plus instructif pour notre propos tient naturellement aux réactions soviétiques et est-européennes que le Quai d'Orsay a particulièrement étudiées[1]. La tonalité générale de ces réactions est chaleureuse. D'une capitale à l'autre, on applaudit à l'esprit d'indépendance de la France, à son opposition à l'influence américaine en Europe, et on en conclut que le monde capitaliste est rongé par des contradictions internes qu'atteste la décision française. Autre conclusion très commune dans l'Est européen, la politique française de distanciation avec l'OTAN doit contribuer au progrès de la détente. Et à l'origine de toutes les réactions, on trouve un présupposé maintes fois répété, c'est qu'il n'y a plus de péril soviétique, ce qui devrait encourager tous les États soucieux de sortir de la confrontation Est-Ouest à aller de l'avant pour dépasser les oppositions de blocs.

À partir de là, l'unanimité cède la place à des réflexions plus nuancées, parfois à des inquiétudes. En s'éloignant de l'OTAN, la France n'inciterait-elle pas l'Allemagne à se prévaloir de son attitude pour prendre une place plus grande au sein de l'OTAN ? Et se débarrasser des contraintes qui pèsent encore sur elle ? Certains organes de presse, polonais notamment, de s'interroger aussi sur l'écho des décisions françaises à Washington. Le risque n'est-il pas que les États-Unis accordent un soutien accru à l'Allemagne ? Donc au « revanchisme » allemand ?

Mais la réflexion la plus intéressante sur les conséquences de cette décision touche à l'intégration des

1. Note de la sous-direction d'Europe orientale, 19/5/1966, DDF I, 1966, p. 844-849.

pays de l'Est par le pacte de Varsovie. La Roumanie déjà, qui critique ouvertement le Comecon, avait manifesté, non pas l'intention de remettre en cause sa participation au pacte de Varsovie – Moscou ne l'eût pas toléré –, mais son interrogation sur la possibilité de limiter les effets de l'intégration dans le domaine militaire. Avec une grande prudence, la question de l'avenir des blocs militaires, dès lors que l'OTAN subit de telles mises en question, sera évoquée à Bucarest. Les dirigeants soviétiques, conscients des effets pervers de la décision française, oscillent entre une approbation chaleureuse et l'insistance sur d'autres thèmes, la pérennité du danger allemand et la menace qui persiste dans le monde, justifiant par là même l'existence, voire une consolidation du pacte de Varsovie.

En France, l'accord autour de la décision du général de Gaulle est loin d'être unanime. L'opinion publique tend plutôt à approuver le président, des sondages le montrent, et elle y a d'autant plus de mérite que la presse, très divisée, reflète la perplexité de la classe politique. Les communistes y applaudissent avec discrétion d'abord, puis au XXIIIe Congrès du Parti communiste, son chef, Waldeck Rochet, commente chaleureusement la décision du général de Gaulle. Qui eût imaginé que le général de Gaulle ait pu un jour devenir le héros d'un congrès communiste ? À l'opposé, les socialistes et les démocrates-chrétiens contestent le bien-fondé de cette rupture. De grandes voix politiques comme celle de Guy Mollet ou de François Mitterrand, l'adversaire du général de Gaulle dans l'élection de 1965, ou encore de Jean Lecanuet et René Pleven insistent sur l'importance de l'OTAN pour la politique française. René Pleven, dans une intervention passionnée, reproche au général de Gaulle d'avoir agi dans la précipitation, sans même tenter d'obtenir de Moscou une compensation : « Où est la contrepartie ? L'OTAN sera affaiblie mais non pas le pacte de Varsovie. La France a joué sa carte avant de se rendre à Moscou. » Et, au Quai d'Orsay, des voix autorisées, dès lors qu'il s'agit de l'URSS – notamment celle de Jean Laloy, l'expert reconnu en ce domaine –, critiquent ouvertement le retrait, avec parfois une telle violence qu'elle conduira les intéressés à la rupture avec le général de Gaulle. Pour répondre à ces critiques, le ministre des Affaires étrangères et Pompidou, Premier ministre, plaident que la situation mondiale a changé, que l'engagement américain en cas de crise n'est plus vraiment assuré, et que, par là même, tout le système de l'Alliance n'est plus adapté aux exigences de la sécurité de l'Europe.

Un très vif débat parlementaire accompagna le vote de la motion de censure portée avant tout par les socialistes, mais la condamnation du retrait français ne recueillit en fin de compte que 137 voix au lieu des 242 qu'exigeait l'adoption du texte. La mise en pratique de cette décision était des plus complexes, elle est achevée en 1967. Les diverses instances de l'OTAN quittent alors la France, le siège du Conseil de l'Atlantique Nord qui se trouvait à Paris est transféré à Bruxelles. Cette transformation du paysage de l'OTAN est la toile de fond du voyage du général de Gaulle en URSS, un voyage que les Soviétiques le pressent d'effectuer et que bien des contacts ont déjà précédé.

Le voyage en URSS : la détente pour objectif

Ce voyage qui a lieu du 20 juin au 1er juillet a été très minutieusement préparé de part et d'autre. Il n'est pas inutile, avant d'en venir aux journées « historiques », comme les qualifia la presse soviétique, de prêter la plus grande attention aux efforts d'organisation réalisés à Moscou pour en garantir la réussite.

Un premier aspect mérite d'en être souligné, c'est la durée exceptionnelle de cette visite. Elle s'étend sur dix jours pleins, presque un record pour les visites de chefs d'État de cette époque, surtout si on la compare à celle du chancelier Adenauer, du 8 au 14 septembre 1955, c'est-à-dire moins de sept jours, ou, peu d'années plus tard, à celle du président Nixon, du 22 au 30 mai 1972, c'est-à-dire neuf jours. Seul Harold Macmillan a battu de peu le général de Gaulle par la durée de son séjour soviétique, qui fut de onze jours, du 21 février au 3 mars 1959.

À ce propos, on constate, et cela a été rarement relevé, que le projet de visite élaboré à Moscou et proposé dans un premier temps au général de Gaulle était encore plus étendu puisqu'un premier programme adressé à Étienne Burin des Roziers prévoyait que le séjour commencé le 20 juin prendrait fin le 4 juillet seulement, c'est-à-dire qu'il occuperait quatorze jours, un record absolu d'absence pour un chef d'État. Cette durée exceptionnelle s'expliquait par un détour consacré, selon le programme, « au repos et aux promenades en yacht » à Sotchi, sur les bords de la mer Noire. Cette proposition rappela probablement au général de

Gaulle les extensions de divertissement dont il avait été gratifié en 1944 et qui avaient suscité de sa part des commentaires peu amènes. Son collaborateur a certainement protesté, d'autant que cette étonnante proposition incluait des « meetings d'amitié franco-soviétiques » dont la particularité était, relève l'ambassadeur, d'être « réservés à l'usage des membres de la famille socialiste et des hommes d'État afro-asiatiques à sympathies progressistes[1] ».On conçoit qu'un tel projet eût présenté le risque de placer le général de Gaulle dans une situation inconfortable, en entendant des propos très « engagés ». De surcroît, ce programme ignorait le rang protocolaire de la France, qui n'était ni un pays socialiste, ni un pays afro-asiatique, mais l'un des cinq grands du Conseil de sécurité. Ce projet étrange n'eut qu'une brève existence. Dès le 30 avril, les autorités soviétiques soumirent à la partie française un texte corrigé, suggérant un séjour réduit à sa durée définitive, onze jours, avec un retour à Paris le 1er juillet et expurgé de ses variantes touristiques et de propagande.

On comprendra mieux cette démarche, inappropriée au tempérament du général de Gaulle, en prenant connaissance des directives secrètes du Politburo du PCUS, intitulées « Propositions pour l'organisation de l'information et de la propagande à l'occasion de la visite du général de Gaulle ». L'historien

1. Télégramme de Baudet à M. Burin des Roziers, archives du ministère des Affaires étrangères, n° 1850.53 (185), cf. projet de programme adressé par Baudet à M. Burin des Roziers, 26/4/1966, *op. cit.*, n° 1813.36 (177). Programme corrigé et définitif du 30/4/1966 signé par Bernard Durand adressé à Burin des Roziers, archives citées, 524-529 (186).

russe Mikhaïl Lipkin a publié sur ce sujet une étude qui fourmille d'informations précieuses[1]. Il replace ces directives dans le cadre de la stratégie internationale de Moscou, permettant ainsi de mieux comprendre les intentions ou les espoirs que mettait la puissance invitante dans le séjour du Général. Ce qui ressort de ces directives, c'est d'abord la volonté de faire de ce voyage un événement considérable en lui assurant une couverture médiatique exceptionnelle. À partir de là, les correspondants soviétiques étaient invités à mettre en lumière, au cours du voyage, des aspects précis et bien hiérarchisés. Les acteurs de cette campagne d'information et de propagande devaient :

1) Marquer l'opposition entre le caractère chaleureux des relations franco-soviétiques et les idéaux ou idées dominantes de l'« atlantisme ».

2) Souligner sans cesse tous les points de convergence entre Moscou et Paris : stabilité du Vietnam, Allemagne sans nucléaire, frontières de l'après-guerre.

3) Pour éviter de donner au Parti communiste français – qui reste encore pour le PCUS un allié fidèle – le sentiment qu'il était exclu du processus de rapprochement, il fallait insister sur le fait que la politique du général de Gaulle était portée, voire inspirée par des forces sociales importantes, communistes avant tout.

Enfin, un thème, ou un slogan, est proposé à tous ceux qui suivront le voyage, thème mis alors à l'honneur par l'équipe de Brejnev, l'URSS et la France ne vont pas se contenter de suivre des voies parallèles,

1. Mikhaïl Lipkin, « *Vizit Charla de Golia v Sovetskii soiouz i voprosy vnechnepolititcheskoi strategii Moskvy v 1966-1969 gg.* », in *Quaestro Rossica*, vol. IV, 2016, p. 261-274.

mais ces pays devraient *agir ensemble*. Voilà qui indique ce que l'on espère obtenir du général de Gaulle à l'issue de ces rencontres.

À Paris, les collaborateurs du Général n'étaient pas moins attentifs à fixer le cadre et les limites de la rencontre. Il est significatif que, dès le 6 juin, Hervé Alphand ait remis à l'ambassadeur soviétique le projet de communiqué que le général de Gaulle entendait rendre public à la fin de son voyage. Ce texte, qui reprenait toutes les remarques et précisions apportées par de Gaulle à ses divers interlocuteurs soviétiques lors de l'année précédant son voyage, notamment à Gromyko, est remarquable par sa prudence. À l'avance, il fait silence sur ce qui hante l'équipe Brejnev, la volonté d'aboutir à un accord formel entre la France et l'URSS. Le Général n'avait cessé de répéter à ses interlocuteurs qu'un traité était un aboutissement et non un point de départ, qu'il était donc prématuré d'y penser. Le communiqué qu'il leur proposera est sans ambiguïté sur ce point, et quoi qu'en aient pensé Brejnev et ses collègues, quelque effort que Brejnev ait déployé durant la visite pour faire évoluer le Général sur ce point, c'est le communiqué rédigé en mai qui rendra compte de la situation et des acquis du voyage en juillet[1].

Les responsables soviétiques attachaient tant d'importance à cette visite qu'ils acceptèrent de se ranger à la position française, comptant sans doute sur les pourparlers et la chaleur des rencontres pour amadouer le général de Gaulle. À cela on peut ajouter que la décision de retrait du commandement intégré de l'OTAN,

1. Voir le texte du communiqué en annexe II, p. 265.

prise peu de mois avant le voyage, avait jeté le trouble aussi bien à Moscou qu'à Paris et dans d'autres capitales, et que la direction soviétique ne savait pas très bien comment elle pourrait en tirer profit.

Ce voyage se déroule tout à la fois de manière triomphale et dans une certaine ambiguïté qui tient précisément à la proximité de l'événement avec le retrait de l'OTAN. À Moscou, on peut penser que la décision du général de Gaulle témoigne d'une volonté de prendre des distances avec les États-Unis, elle suscite donc l'espoir d'une réorientation française vers l'URSS. En France, certains commentaires font état d'une inquiétude devant la quasi-simultanéité des deux événements. Le général de Gaulle ne se serait-il pas d'emblée mis en position de faiblesse en décidant du retrait, et ne se serait-il pas privé d'un argument de discussion face à l'URSS ? Une fois encore, on retrouve en porte-parole de ces doutes Jean Laloy, que le général de Gaulle, exaspéré par ses critiques, écartera de son poste pour en faire un « conseiller diplomatique du gouvernement » (synonyme distingué de mise au placard, commentera amèrement Laloy[1]).

Telle est la toile de fond de ce voyage qui reste exceptionnel, car rares sont les chefs d'État du monde occidental qui se rendent alors à Moscou. Au contexte général, il faut ajouter l'élément humain qui caractérise la rencontre entre le général de Gaulle et Brejnev, élément très important et très différent de ce qu'avait déjà connu le Général de la direction soviétique. En 1944, c'était le tout-puissant Staline qui faisait face à un de Gaulle sans puissance et qui cherchait

1. Entretien de l'auteur avec Jean Laloy à Paris, juillet 1966.

ardemment à obtenir de lui une reconnaissance. En 1960, son interlocuteur, Khrouchtchev, est le maître aussi tout-puissant de l'URSS, du moins peut-on le croire. Ces deux hommes sont dotés de personnalités et d'un charisme exceptionnels. Le général de Gaulle a bien noté l'habileté, la ruse, la méchanceté de Staline, et a décrit, avec un art consommé, ses traits physiques autant que moraux. Khrouchtchev, le prolétaire ukrainien, débonnaire et tonitruant, était lui aussi doté d'un fort caractère. Dans ces deux cas, le général de Gaulle a eu en face de lui des interlocuteurs dignes de lui.

En 1966, il en va tout autrement. Et d'abord, comment le général de Gaulle pourrait-il décider qui du trio qui lui fait face est le plus important ? Ce trio qui a succédé deux ans plus tôt à Khrouchtchev avec une consigne : ne jamais laisser se rétablir un pouvoir personnel ni le « culte de la personnalité » est, en 1966, en plein bouleversement. Si, jusqu'au début de 1966, nul membre de cette troïka ne semble chercher à dominer les autres, le XXIIIe Congrès du PCUS, réuni au début de l'année, a changé l'équilibre établi deux ans auparavant. Leonid Brejnev, qui était certes chargé du Parti, mais qui partageait jusqu'alors le pouvoir avec ses collègues, en a été nommé secrétaire général. C'est une révolution. Le secrétariat général, qui avait été confié en 1922 à Staline et fut le moyen dont il usa pour établir son pouvoir absolu, avait été supprimé à sa mort, précisément pour prévenir le retour d'un chef tout-puissant. Le XXIIIe Congrès restaura la fonction et y porta Brejnev. L'homme a peu d'éclat, c'est un pur apparatchik, doté d'une éducation moyenne. Dans les années qui suivront, il sera gratifié d'une biographie militaire et intellectuelle remarquable, mais, en 1966, il est l'incarnation parfaite d'un Parti dirigé par des technocrates ternes et médiocres. Si Brejnev est réputé à quelque égard, c'est surtout pour son penchant à la boisson que ses compatriotes constatent. On ne lui en fait pas reproche, car le temps des campagnes antialcooliques n'est pas encore venu. Mais, hormis ce trait, rien de sa personnalité n'égale la force ou la truculence des précédents interlocuteurs du général de Gaulle. Au demeurant, le membre le plus brillant du trio est Kossyguine. Excellent spécialiste de l'industrie légère et de l'économie en général, il est plus fin, plus policé que le maître du Parti. Depuis 1964, c'est lui qui a tenu le premier rôle dans les relations internationales de l'URSS. Il a conduit à Tachkent la médiation entre Indiens et Pakistanais, et l'ambassadeur de France avait insisté dans sa correspondance sur le succès soviétique dans cette très difficile négociation et sur celui, personnel, du médiateur Kossyguine[1]. Sa visite officielle en France, en décembre 1966, puis en Grande-Bretagne, et surtout la rencontre au sommet de Glassboro avec le président Johnson, premier sommet soviéto-américain de la période post-khrouchtchévienne, confèrent à Kossyguine la dimension de l'interlocuteur privilégié des pays occidentaux. Brejnev se consacrera plutôt aux relations avec les pays socialistes et le tiers-monde. Kossyguine domine donc à cette époque la politique étrangère de l'URSS. Mais en territoire soviétique, face au général de Gaulle, c'est le secrétaire général du Parti communiste qui est le maître du jeu et son principal interlocuteur. Dernière figure du trio :

1. Télégramme de Baudet, 9/1/1966, DDF I, 1966, p. 46.

Podgorny, lui aussi apparatchik de toujours et ne présentant pas de traits saillants propres à retenir l'attention du Général. Il est, depuis le début de l'année, le chef de l'État soviétique. En dépit de ce titre ronflant qui ne recouvre aucun pouvoir, Podgorny ne se fait remarquer que par un sourire inhabituellement éclatant dû à une double rangée de dents en or, spécialité de l'art dentaire soviétique. En principe, et selon les critères occidentaux, il est le premier dans l'ordre protocolaire, mais il ne joue aucun rôle lors du voyage du général de Gaulle. On constate là l'ironie de la situation de 1966. Le général de Gaulle, si convaincu de la place secondaire de l'idéologie dans les relations entre États, sera reçu et devra s'entretenir principalement avec celui qui incarne l'idéologie et qui en défend la primauté. À lire le compte rendu des entretiens, on peut constater que cette situation n'a pas pesé sur les rencontres entre les deux hommes, même si elles ont manqué de moments ou d'incidents saillants, parce que le général de Gaulle n'a pas eu alors d'interlocuteurs à sa dimension.

Le programme, même corrigé, restait très dense et comportait une première partie politique à Moscou où le général de Gaulle et Brejnev échangeront leurs vues, marqueront leurs points d'accord et leurs divergences au cours de trois grands entretiens. Le séjour à Moscou, cadre de ces entretiens, fut complété par un grand périple à travers l'URSS, très varié, allant de la Sibérie, où le Général visita Novossibirsk et Akademgorodok, ce centre d'une vie scientifique remarquable, prisé des savants soviétiques, car éloigné du centre politique, leur offrait une assez grande liberté. Il faut souligner ici le privilège qui lui sera offert et dont il fut, à l'époque, le seul chef d'État étranger à bénéficier : le général de Gaulle assiste au lancement d'un satellite à Baïkonour. Cette partie exceptionnelle du voyage fut extrêmement confidentielle. Le programme officiel communiqué à la presse indiquait un séjour à Zvezdograd – *cité des étoiles*, nom fictif de Baïkonour – où le Général se rendit avec une suite réduite. Ensuite ce sera la partie plus classique de la visite. D'abord, la capitale historique, Leningrad, puis Kiev, qui était déjà l'Ukraine, mais aussi le berceau de la Russie chrétienne, ce que le Général ne pouvait manquer de relever, enfin Volgograd qu'il avait connu en ruine en 1944 alors que la ville s'appelait Stalingrad. Partout, le Général a tenu à s'adresser, outre ses interventions officielles, à la société. Il le fera à l'université de Moscou le 22 juin, à la section de l'Académie des sciences d'Akademgorodok, mais surtout à la télévision soviétique.

Le passage à Baïkonour pour assister au lancement du satellite, la possibilité de s'adresser par la télévision, non plus seulement à des auditoires déterminés et sélectionnés, mais librement à toute l'URSS, autant de gestes dont le général de Gaulle aura apprécié la portée. Il savait que ce privilège lui avait été réservé. Ses rencontres avec la société soviétique furent décrites par les très nombreux journalistes français, qui suivaient le voyage, par les journalistes soviétiques aussi, et cela de manière fort diverse. Pour certains, le Général avait rassemblé des foules et les avait enthousiasmées. Pour d'autres – ce sera le cas du correspondant du *Figaro* –, parler de foules était fort excessif. On peut cependant retenir que la rencontre du général de Gaulle avec le peuple soviétique fut nettement plus impressionnante et chaleureuse que cela n'avait été le cas en 1944[1]. Entre le quasi-inconnu des années de guerre et le président français tout juste réélu pour un nouveau mandat de sept ans, la différence de statut était grande et les Soviétiques en étaient conscients. Tous les témoins constatent aussi que le Général impressionna ses auditeurs par sa capacité à s'exprimer sans lire. Quel contraste avec les responsables soviétiques incapables de se détacher un seul instant de leur texte ! Les Soviétiques furent également stupéfaits en l'entendant prononcer des phrases en russe. Il n'y manqua jamais. Son interprète, le prince Andronikov, les lui avait fait répéter et il avait soigné un accent que ceux qui l'entendirent admirèrent sans réserve. Les Soviétiques ont été prompts à constater la différence entre la spontanéité et le talent oratoire de ce général français et les interventions si formelles et figées de leurs dirigeants.

Mais l'essentiel est inscrit dans les échanges avec Brejnev, qui eurent lieu les 21, 22 et 29 juin. Longs entretiens, soigneusement préparés des deux côtés, et qui se déroulèrent en dépit de grandes divergences dans un climat chaleureux. Chacun des interlocuteurs connaissait la position de celui qui lui faisait face. Hervé Alphand, il l'a rappelé dans ses *Mémoires*, avait résumé ainsi la position de son président : « Le but du général de Gaulle n'a pas varié. Il s'agit toujours de créer une solidarité européenne de l'Atlantique à l'Oural dans laquelle l'Allemagne, peu à peu, se réunira,

1. Georges Bortoli, qui avait vécu en URSS, parlait bien le russe et était un excellent observateur, confirme ce succès public. Voir Georges Bortoli, *Une si longue bienveillance*, *op. cit.*, p. 122-125.

à condition de respecter ses frontières actuelles et de ne pas accéder à la bombe atomique. »

Du côté de Moscou, le projet n'est pas moins précis. Le ministre des Affaires étrangères, Gromyko, l'a rappelé le 27 avril 1966, l'URSS considère qu'il appartient aux pays du continent européen de régler les problèmes de sécurité dans le cadre d'une conférence paneuropéenne. Et la *Pravda*, rapportant les propos du ministre le 20 mai, y ajoute un rappel sans équivoque : « Le général de Gaulle a déclaré dès 1960 qu'il fallait tenter d'unifier les deux parties du continent européen et de réaliser ensemble ce projet de paix de l'Atlantique à l'Oural. » Ce commentaire, qui portait la signature d'un journaliste éminent, Iouri Joukov, indiquait bien que l'on attendait du général de Gaulle qu'il entérine et soutienne la thèse soviétique dont la conclusion logique était la confirmation du statu quo européen décidé à Yalta et à Potsdam.

En ouvrant l'entretien du 21 juin, Brejnev proposa au général de Gaulle de choisir le sujet du jour et son invité suggéra que l'Europe lui convenait. Le Général rappela d'emblée que la situation du continent, la division de l'Europe avait été décidée en l'absence de la France, alors que l'URSS avait participé à l'organisation de Yalta et de Potsdam. Et le Général demanda : « Ce qui a été fait il y a vingt-deux ans est-il définitif ? »

Brejnev répondit que deux données nouvelles s'imposaient à l'attention : la RDA était devenue un véritable État, tandis que l'autre Allemagne, la République fédérale, était animée d'un esprit de revanche qui menaçait l'Europe. Du coup, la réunification suggérée par le général de Gaulle n'était guère possible. Le Général objecta que, par là même, la sécurité de l'Europe était le problème fondamental qu'il fallait traiter. Et que l'Allemagne divisée, frustrée – même si l'on tient pour acquis que les frontières de 1945 sont intangibles et qu'elle ne pourra accéder à l'armement nucléaire –, met en péril la sécurité du continent. Ses frustrations, son amertume pourraient la conduire en effet à devenir l'enjeu et l'objet de la rivalité soviéto-américaine. « Pour la sécurité de l'Europe, il faut, dit le Général, attirer la question allemande à l'intérieur de l'Europe[1]. » Brejnev y acquiesça, mais il ajouta aussitôt que les États-Unis étaient installés en Europe, que l'Allemagne était leur tête de pont sur le continent et le moyen privilégié d'y rester. Pour sortir de cette situation, il proposait que soit convoquée une conférence réunissant tous les États européens, mais excluant les États-Unis[2]. La reconnaissance de la RDA par la France, ajouta-t-il, contribuerait à créer des relations normales entre États européens et affaiblirait les moyens d'action des États-Unis. La position du général de Gaulle, que Moscou ne pouvait ignorer, fut alors exposée avec une grande précision. La conférence européenne était certes souhaitable, mais elle ne pouvait être que le résultat d'une *détente* à laquelle l'URSS, comme la France, devait travailler. Quant à la reconnaissance de la RDA, elle n'aurait pas de sens puisque la RDA n'était pas un État mais une construction artificielle. Le général de Gaulle rappela alors à Leonid Brejnev la position qu'il avait vainement défendue à Moscou en 1944. Il prônait la constitution d'une confédération d'États allemands pour éviter la reconstitution d'un Reich, qui

1. Télégramme de Baudet 22/6/1966, DDF II, 1966, p. 134.
2. *Ibid.*, p. 135.

aurait un jour renoué avec ses vieux démons. Ce que cet entretien a confirmé, c'est une réelle divergence de vues entre l'URSS et la France. Mais il a aussi montré l'existence d'une volonté soviétique de maintenir une vision d'avenir propice à la *détente* sans pour autant se rallier aux objections du général de Gaulle. Pour concilier ces contraires, Leonid Brejnev a multiplié les remarques aimables à l'égard de la France : « Nous croyons que la puissance est une chose, mais que la politique en est une autre. Nous voudrions que la France soit puissante parce que la politique de la France serait bonne. » Remarque aimable aussi à l'égard de la décision du général de Gaulle sur l'OTAN, dont Brejnev a salué à plusieurs reprises l'importance. Pour effacer l'impression négative née de l'exposé des divergences, Kossyguine intervint, avançant des propositions concrètes, propres à améliorer la situation en Europe. Resserrer la coopération entre Européens, pratiquer une politique de consultations systématiques entre eux, multiplier les accords économiques et donner à ce rapprochement une grande publicité. Enfin, présenter les relations franco-soviétiques comme l'exemple de ce rapprochement entre les deux Europe.

Il était prévisible qu'après s'être concentrés sur l'Europe lors de leur premier entretien, pour le suivant, qui eut lieu le 22 juin au matin, les deux interlocuteurs se penchent sur les relations bilatérales saluées pour leur exemplarité. Brejnev annonça d'emblée que l'URSS avait préparé deux projets d'accord portant sur la coopération scientifique et l'économie. Il insista sur sa volonté de développer les échanges de responsables dans ces domaines et évoqua deux sujets précis propres à renforcer la coopération. Il proposa d'établir un fil direct – semblable à la ligne rouge Washington-Moscou – entre Paris et Moscou à l'échelon le plus élevé. Et il rappela l'importance de la télévision en couleur et le souhait que le procédé Secam, commun aux deux pays, soit développé à l'échelle industrielle et adopté par toute l'Europe. À ces projets auxquels il se dit favorable, le général de Gaulle ajouta un accord sur l'espace qu'il souhaitait voir retenu. Mais au-delà, il déplora, et son ministre des Affaires étrangères le relaya sur ce point, une certaine difficulté des relations commerciales franco-soviétiques, si déséquilibrées et insuffisantes que, par exemple, les échanges soviéto-français étaient largement dépassés en valeur par les échanges soviéto-finlandais. Pour surmonter les difficultés qui freinaient les relations commerciales, Kossyguine suggéra de créer une Commission mixte, d'adopter la clause de la nation la plus favorisée et peut-être d'organiser les échanges sur la base du *clearing* auquel seraient associés d'autres pays socialistes telles la Pologne, la Tchécoslovaquie, la RDA, la Hongrie et la Bulgarie[1]. Ces propositions furent accueillies avec un réel intérêt par le général de Gaulle soucieux d'élargir les échanges franco-soviétiques, et aussi de donner un tour plus positif au débat.

Le thème bilatéral étant épuisé, il laissa place à un large tour d'horizon, examen de la situation mondiale, avec une attention particulière prêtée au Vietnam où les deux interlocuteurs s'accordaient à trouver la situation intenable et à préconiser une solution partant du droit des Vietnamiens à choisir leur destin. Ce tour

1. Télégramme de Baudet à Couve de Murville, 22/6/1966, DDF II, 1966, p. 137.

d'horizon permit à Brejnev de saluer une fois encore la politique étrangère de la France, et au général de Gaulle de reconnaître à la politique de l'URSS un caractère pacifique. Ayant largement proclamé leur accord au chapitre international, de Gaulle et Brejnev constatèrent qu'ils n'avaient pas épuisé la liste des sujets dont ils aimeraient débattre, ce qui justifia le rendez-vous fixé au retour à Moscou du général de Gaulle, le 29 juin, pour un nouvel et ultime entretien. Si l'on prend en considération que cet entretien n'était pas inscrit au programme du voyage, qui ne prévoyait ce jour-là « qu'une clôture des entretiens » précédant la réception au Kremlin, cette modification témoigne qu'un contact réel plus ou moins chaleureux s'était établi entre les deux chefs d'État les poussant à reprendre une conversation marquée par des points de désaccord, mais aussi par des conceptions communes. En retrouvant Brejnev et ses collègues dans la soirée du 29 juin, le général de Gaulle plaida pour que Moscou, comme Paris se préparait à le faire, soutienne la réélection d'U Thant au Secrétariat des Nations unies. Sur cette réélection, sur les Nations unies en général, l'accord entre Moscou et Paris était aisé à affirmer. Mais ensuite, la discussion buta à nouveau, comme toujours, sur la question allemande. Leonid Brejnev revient sur la nécessité de « dédramatiser la question allemande », mal comprise parce que souvent mêlée à l'excès aux relations soviéto-américaines. « Les Français s'inquiètent parfois, dit-il, de leur place dans un univers international dominé par l'opposition, mais aussi par la collusion soviéto-américaine. » La France, insiste-t-il, ne dépend pas de ces relations, elle n'en est pas une composante d'importance variable, au gré du rapport de force entre Washington et Moscou, elle a une place spécifique, elle correspond à un intérêt d'État dans la politique soviétique[1], et sa volonté d'indépendance renforce encore cet intérêt. Par ailleurs, et ici il revient sur un thème permanent, la question allemande est compliquée, affirme-t-il, par la présence américaine en Europe. « Si l'Europe était délivrée de la présence étrangère et pouvait gérer ses affaires dans un esprit de bon voisinage, alors le problème allemand pourrait trouver une solution. » Cette phrase ouvre la voie à la plaidoirie du général de Gaulle pour la détente en Europe, détente qui ne pourra se faire sans les Allemands. Il faut « en finir avec la guerre froide », affirme le général de Gaulle, qui ajoute : « L'entente franco-soviétique pourrait déterminer chez les Allemands et dans le monde un état d'esprit nouveau. » Les points d'accord franco-soviétiques sur le problème allemand – les frontières intangibles et l'interdiction de l'arme nucléaire – doivent contribuer à ce nouvel état d'esprit, c'est par là que l'*entente* peut progresser.

Tout au long de cet ultime entretien, le général de Gaulle a pu faire entendre sa musique. Seule la détente permettra de régler le problème allemand et d'assurer la sécurité de l'Europe. Mais il n'est pas de solution de ce problème qui exclue les États-Unis et il n'est pas de détente sans les Allemands. Brejnev a entendu sans broncher ce discours[2] qui ignorait délibérément l'aspiration de Moscou à voir régler les problèmes européens hors de toute intervention américaine.

1. Télégramme de Baudet à Couve de Murville, 29/6/1966, DDF II, 1966, p. 169.

2. *Ibid.*, p. 170.

Brejnev n'insistera pas davantage sur la volonté française, qui sous-tend tout le discours du Général sur la détente, de voir disparaître non seulement les relations conflictuelles en Europe, mais surtout l'Europe de Yalta, l'Europe des blocs. Le général de Gaulle ne cesse d'ailleurs jamais de rappeler que la France n'a pas participé à la création de cette Europe divisée et qu'elle est, par là même, légitime à souhaiter ébranler le statu quo de 1945.

Si, durant leurs entretiens, les deux chefs d'État reviennent maintes fois sur la question allemande, l'Europe soviétisée n'est guère évoquée, pourtant, c'est elle, sa libération, qui court en filigrane dans toutes les interventions du Général. La détente, qu'il prône avec ferveur, c'est la possibilité d'en revenir à une Europe unie.

La déclaration commune : un défi au monde de Yalta

La visite du général de Gaulle a eu pour conclusion la signature de deux accords. L'un sur la coopération pour l'étude et l'exploration de l'espace à des fins pacifiques, l'autre sur la coopération scientifique, technique et économique. Aux termes de ce second accord, et pour favoriser le développement des échanges, l'article 4 institue une « commission mixte franco-soviétique » qui doit se réunir au moins une fois par an, en alternance, dans chacun des pays. Cette commission, dite « Grande Commission », qui sera coprésidée par Michel Debré pour la France et par le vice-président du Conseil des ministres de l'URSS, Vladimir Kirilline, se réunit pour la première fois à Moscou en novembre 1966 ; elle décide le mois suivant de créer la « Petite Commission » qui fédère des groupes de travail mixte. La déclaration finale prévoit aussi l'établissement d'une ligne de communication directe entre le Kremlin et l'Élysée, et des consultations politiques régulières. La philosophie des échanges concerne tous les domaines, politique, culturel, scientifique, économique, résumée dans la déclaration rendue publique le 30 juin. Très importante par son contenu, cette déclaration est aussi le symbole politique de la relation franco-soviétique[1]. Avant le voyage, alors qu'on le préparait, le Kremlin avait insisté sur son désir de conclure cet effort de rapprochement entre les deux pays par un accord en bonne et due forme, une sorte de répétition du traité de 1944. Un accord politique formalisé, tel était le but du voyage que l'ambassadeur soviétique à Paris, Zorine, rappelait à tout propos. Un projet soviétique fut d'ailleurs élaboré, intitulé *Traité sur les relations entre l'URSS et la République française.* Mais le général de Gaulle avait d'emblée décidé que son voyage devrait se conclure par une simple déclaration commune, et ce fut le cas. Il est intéressant de noter que la diplomatie soviétique rencontra la même déconvenue, en 1967, avec la Grande-Bretagne[2]. Lors de la visite dans ce pays du Premier ministre soviétique, Kossyguine, le MID avait élaboré un projet de traité d'amitié et de coopération pacifique, qui fut écarté par Londres. Ces deux tentatives de formalisation des rapports politiques entre l'URSS et les deux pays d'Europe occidentale suggèrent qu'en

1. Voir le texte de la déclaration en annexe III, p. 271.
2. Mikhaïl Lipkin, art. cit., p. 267.

1966-1967 la diplomatie soviétique comptait sur ce genre de pactes pour préparer une conférence paneuropéenne. La fermeté du général de Gaulle sur ce sujet ne prévint pas Moscou de faire la même tentative à Londres, mais il est probable qu'elle encouragea la résistance britannique à ces pressions. Si l'absence d'un texte formalisant la relation politique fut une déception pour la partie soviétique, elle contribua cependant à diffuser en France l'impression que le voyage n'avait pas servi à grand-chose. Jean Lacouture, qui s'est inspiré d'André Fontaine, témoin de l'événement, note que « ceux qui y assistèrent ne gardèrent pas le souvenir d'échanges décisifs » et conclut : « rien de bien neuf[1] ». À Paris, certains politiques, les mêmes qui avaient critiqué la décision de retrait de l'OTAN, taxèrent le général de Gaulle de naïveté, comme le fera d'ailleurs l'ambassadeur Bohlen.

La lecture de la déclaration est pourtant édifiante. Elle commence, comme les entretiens, par l'Europe, et le constat que, pour les deux parties, « le premier objectif est dans cet esprit la normalisation, puis le développement progressif des rapports entre tous les pays européens, dans le respect de l'indépendance de chacun et la non-intervention dans ses affaires intérieures. Cette action doit se poursuivre dans tous les domaines, qu'il s'agisse de l'économie, de la culture, de la technique et naturellement de la politique ».

1. Voir aussi Pierre Vianson-Ponté, *Histoire de la république gaullienne*, Paris, Fayard, 1980, t. II, p. 217, citant Couve de Murville : « le plus spectaculaire, c'est que ce voyage a eu lieu », et Arkadi Chevchenko, *Rupture avec Moscou*, Paris, Payot, 1985, p. 164.

Paragraphe capital puisque dans le cadre européen existant « à l'Est et à l'Ouest » dit la déclaration, ce qui confirme le statut hérité de la guerre, le respect des indépendances et la non-intervention dans les affaires d'autrui sont les principes fondamentaux des relations au sein du continent. Le document l'a précisé aussi : « Les problèmes de l'Europe doivent être considérés dans un cadre européen. » Dans ce cadre, le statu quo est certes reconnu, même si ce n'est pas explicitement, mais les relations entre États marquées par l'égalité sont la règle. Les rapports spécifiques à l'intérieur des blocs – la solidarité socialiste – doivent céder le pas aux règles classiques de la vie internationale. L'URSS n'était pas habituée à signer de telles déclarations. Ce paragraphe constitue pour le général de Gaulle une victoire. De plus, la déclaration est caractérisée par une vision dynamique et non figée de l'espace européen : « Les deux gouvernements estiment que les États du continent doivent consacrer leurs efforts à la création des conditions nécessaires à l'établissement d'un climat de détente entre tous les pays à l'Est et à l'Ouest, un tel climat en effet favoriserait entre eux le rapprochement et, par conséquent, l'examen et le règlement des questions qui se posent », au premier plan, la question allemande traitée par ce biais.

Si le général de Gaulle a concédé à ses interlocuteurs que l'Europe de 1945 est bien la base de toutes les discussions, il a imposé en échange, et ce n'est pas rien même si ce n'est que dans un texte, la reconnaissance de l'égalité de tous les États et une vision évolutive de l'Europe par la détente et le rapprochement.

La vision du général de Gaulle : l'Europe de l'Atlantique à l'Oural et le triptyque détente-entente-coopération, est bien là. Il était plus aisé de souligner l'accord existant sur le Vietnam, de déplorer ensemble « l'absence d'accord dans la voie d'un désarmement général et contrôlé » que d'évoquer l'égalité de tous les États. Le silence sur la RDA où les Soviétiques espéraient faire fléchir de Gaulle, ce qu'il a obstinément refusé, a été compensé par l'insistance sur les conditions d'une coopération politique plus ample, plus régulière et par des indications précises sur les instruments de la coopération économique et culturelle.

Ce texte, qui n'est pas un traité, mais qui a valeur de bilan des entretiens et de projet de coopération, a certes déçu la partie soviétique. Moscou eût souhaité lui donner un autre statut – celui d'un traité – et qu'y soit consacrée l'existence de la RDA, témoignage irréfutable de la reconnaissance d'un statu quo pérenne en Europe et non d'un avenir soumis à des développements que la coopération voulue par de Gaulle devrait transformer.

Peut-on en conclure à l'inutilité ou à une certaine naïveté du général de Gaulle qui aurait présidé à ce voyage ? Si un tel constat était possible sur le moment où rien n'indique que la vision du général de Gaulle, la détente, l'entente, la coopération, puisse se traduire dans les faits et peser sur la réalité du continent européen, à porter le regard à peine plus loin dans le temps, on constate, dès 1967, que le Général va faire des émules et que l'idée de la détente, insupportable à nombre de ses collaborateurs, va intéresser la Grande-Bretagne, puis l'Allemagne du chancelier Kiesinger. Celui-ci, à peine élu, déclara son souhait de rencontrer le Premier ministre russe. Puis, toujours en Allemagne, le chancelier Brandt mettra en pratique avec l'*Ostpolitik* les intuitions du général de Gaulle. Il est vrai que le tournant allemand n'aura pas été aisé à prendre. À la veille du voyage du général de Gaulle à Moscou, le chancelier Erhard avait déjà tenté de jeter un pont vers les pays de l'Est, excluant dans cette tentative la RDA. Il leur avait adressé un message d'ouverture, aussitôt rejeté par tous les membres du pacte de Varsovie. Mais Kiesinger et Willy Brandt s'engagent sans hésiter dans la voie ouverte par le général de Gaulle dès décembre 1966 en prônant un rapprochement avec les pays de l'Est, y compris avec la RDA, et cette politique sera, on le sait, couronnée de succès. Politique de compromis, l'*Ostpolitik* de Brandt sera soutenue par le général de Gaulle, ce qui contribuera à encourager le chancelier allemand.

En attendant ces développements, il faut revenir un moment sur les enseignements de ce voyage. Certes, le général de Gaulle a voulu en limiter la portée politique en refusant toute idée de pacte. Mais les accords conclus ont ouvert la voie à une coopération multiforme avec des phases heureuses et des phases malheureuses, mais qui aura eu le mérite d'entretenir un courant de relations constant entre les deux pays. C'est surtout le caractère visionnaire de l'idée de *détente*, telle qu'elle fut avancée par le général de Gaulle, et le processus qu'elle a enclenché qui mérite d'être souligné. En 1966, le système de Yalta est intact, même si la Roumanie rue dans les brancards. Et nul n'imagine qu'il puisse être mis en question. Ce que propose le Général, c'est de l'ébranler, de l'infiltrer par des contacts avec tous les pays de l'Est européen. La coopération franco-soviétique a offert à cet égard un modèle de rapprochement de pays à systèmes politiques différents qui, a priori, ne constituait pas une menace pour le camp socialiste. De surcroît, en raison de ses rapports chaleureux avec Moscou, rapports de longue date, il faut y insister, le général de Gaulle était à l'aise pour engager des relations avec les alliés européens de Moscou. Qui, au Kremlin, aurait pu s'en offusquer ? En définitive, ce que le Général a proposé était la voie la plus favorable au dépassement des différences idéologiques. C'est la détente développée par une coopération active. Pour le Général, les contacts culturels, scientifiques, et pas seulement économiques, sont essentiels pour peser sur les mentalités et à terme les transformer. L'aboutissement de la détente est la constitution d'un dialogue paneuropéen. En 1966, même s'il n'a rien obtenu ou négocié de spectaculaire à Moscou, le général de Gaulle a proposé le modèle qui va permettre d'ébranler le système de Yalta, modèle du *soft power*, des contacts en tous domaines comme arme de cette révolution historique, alors que dominait l'idée que les rapports entre les deux blocs ne relevaient que de l'équilibre des puissances.

Certes, les suites immédiates du rapprochement franco-soviétique n'incitaient pas toujours à conclure à sa réalité. Quelques jours plus tard, du 4 au 7 juillet, deux réunions des responsables communistes européens – les Albanais étaient absents – ont été tenues à Bucarest. La première réunissait les chefs des Partis et des gouvernements dans une session du Comité politique consultatif du pacte de Varsovie, la seconde les pays du Comecon. La session du Comité politique consultatif du pacte de Varsovie fut le théâtre d'une reprise bruyante et sans nuances de tous les thèmes qui séparaient Paris et Moscou : dissolution simultanée des alliances, retrait de toutes les forces étrangères d'Europe, reconnaissance de la RDA. Tout se passa alors comme si le dialogue Brejnev-de Gaulle n'avait pas eu lieu. Mais il est vrai que ces débats, où les États-Unis furent attaqués plus violemment que jamais, où l'on évoqua la possibilité d'envoyer des volontaires est-européens se battre au Vietnam, avaient pour cadre une rencontre du pacte de Varsovie, c'est-à-dire le bloc est-européen. Il faut ajouter à cela que la réunion de Bucarest aboutit parfois à des conclusions fort contradictoires. Étrangement, les États-Unis attaqués avec violence étaient, par ailleurs, perçus comme d'éventuels acteurs des travaux préparant une conférence européenne. La déclaration finale de la réunion de Bucarest précise en effet : « Les pays du pacte de Varsovie accepteraient dans ce contexte les propositions de n'importe quel État », ce qui inclut les États-Unis. On ne peut s'en étonner. Le rapprochement franco-soviétique n'a à aucun moment freiné des tentatives de rapprochement soviéto-américain, et Brejnev a d'ailleurs pris grand soin de rassurer le général de Gaulle ; la France ne pâtira en aucun cas de cette relation avec les États-Unis.

À peine cet épisode passé, ce fut le retour du dialogue apaisé avec Moscou. Le général de Gaulle avait invité les trois responsables soviétiques – Brejnev, Kossyguine et Podgorny – à se rendre en France. Ce fut le Premier ministre soviétique qui répondit à son invitation. Il arriva en décembre, accompagné de Gromyko, et débattit à Paris et à Rambouillet avec le président de la République des moyens d'élargir la coopération bilatérale. Si ces conversations se révélèrent peu concluantes – la question allemande les pollua –, dès le début de l'année suivante, les moyens de la coopération se mettaient en place[1], la Grande Commission élabora un programme de travail pour les projets adoptés, la télévision en couleur, mais aussi la création de chaînes de construction de voitures, la construction d'un accélérateur de corpuscules à Serpoukhov et d'une usine marémotrice à Mourmansk. Une chambre de commerce franco-soviétique fut ouverte à Paris, assortie d'une représentation permanente à Moscou.

La guerre des Six-Jours

Le 3 août, Kossyguine déclarait devant le Soviet suprême : « L'entente, qui existe entre l'Union soviétique et la France sur plusieurs questions importantes, dépasse la portée des simples accords bilatéraux. » Ce propos allait trouver une confirmation à l'été 1967, lors de la guerre israélo-arabe. Ce fut une guerre éclair, qui commença le 5 juin 1967. Au petit jour, la chasse israélienne bombardait les aéroports égyptiens, détruisant en un seul moment tous les appareils militaires. Dans ce même temps, l'armée israélienne s'emparait du Sinaï, marchait sur la Cisjordanie, occupait Jérusalem. Les troupes jordaniennes se replièrent en désordre vers l'est du Jourdain. Le Conseil de sécurité, réuni en urgence le 8 juin, vota une résolution qui imposait un cessez-le-feu immédiat. Mais les troupes israéliennes étaient lancées et, le lendemain de ce vote, elles s'emparèrent du plateau du Golan qu'abandonnait l'armée syrienne en déroute. Ce n'est que le 10 juin, Israël s'étant assuré le contrôle de la Cisjordanie, de Gaza,

1. Marie-Pierre Rey, *La Tentation du rapprochement*, Paris, Publications de la Sorbonne, 1991, p. 46-48.

du Sinaï et du Golan, que le cessez-le-feu prend effet. Il ne reste plus rien à conquérir, Israël est le grand triomphateur. Les pays arabes, qui ont aussi perdu tout le matériel moderne que leur avait fourni l'URSS, sont en plein désarroi.

La guerre s'annonçait depuis des semaines et le général de Gaulle s'était efforcé de prêcher le calme à Israël. Il avait dit à Ben Gourion, venu s'assurer auprès de lui du soutien de la France, qu'il l'obtiendrait seulement si Israël était la victime de l'agression arabe. Et à Aba Eban, il avait prédit qu'en cas de guerre Israël l'emporterait à coup sûr, mais que le prix en serait une plus grande implantation de l'URSS au Moyen-Orient. En concluant chacun de ses entretiens avec les responsables israéliens, le général de Gaulle leur disait : « Ne faites pas la guerre. » Mais les forces égyptiennes ayant pris Charm el-Cheikh et bloqué le golfe d'Akaba, l'étincelle mit le feu à la région.

Le général de Gaulle, très tôt conscient de la menace pesant sur la paix, avait proposé la réunion d'un sommet des quatre grandes puissances au lendemain du blocus d'Akaba, pour mettre en place un règlement pacifique du conflit. Et il assurait les Israéliens que la France userait de son influence sur Moscou pour parvenir à une solution acceptable. De son côté, Moscou avait demandé et obtenu – en opposition avec les États-Unis – une réunion exceptionnelle du Conseil de sécurité de l'ONU qui avait exigé l'arrêt des combats. Le téléphone direct entre l'Élysée et le Kremlin fonctionnait alors à plein régime. Et Kossyguine était dans ce dialogue l'interlocuteur du général de Gaulle. Celui-ci recevant Richard Nixon le 8 juin, lui exposa sa conception du conflit et du rôle des puissances.

« Les Israéliens sont des gens qui exagèrent, et cela depuis toujours ; il n'y a qu'à relire les Psaumes. Les Arabes aussi d'ailleurs. Entre gens qui exagèrent, il faudra bien que les grandes puissances viennent faire entendre la voix de la raison et les obligent à la raison. Il y faudra certes les Russes, sinon rien ne sera fait. » Et, à la question de Nixon : « Les Russes veulent-ils un règlement modéré ou iront-ils jusqu'au bout ? », le Général répondit : « Ils voudront maintenir leur position et ils appuieront les Arabes jusqu'à un certain point, car je crois qu'ils ne veulent nullement d'un conflit trop grand ni trop long[1]. »

Partant de la certitude que l'URSS était pro-arabe, mais soucieuse surtout de ne pas aller trop loin, le général de Gaulle avait adopté une position assez proche de celle de Moscou, et cela contre le sentiment d'une large partie de l'opinion française. Il avait annoncé, dès le 5 juin, un embargo sur les armes à destination d'Israël et des pays arabes au moment où l'URSS accroissait son aide militaire aux pays arabes. Aux Nations unies, les positions française et soviétique étaient proches. Le 8 juin, Paris et Moscou sont d'accord pour voter l'imposition d'un cessez-le-feu immédiat. Le 14 juin, le représentant français s'abstient lors du vote d'une résolution soviétique qui déclare qu'Israël est l'agresseur et qu'il doit retirer son armée, mais il accepte de s'associer à la demande de convocation d'une Assemblée générale extraordinaire de l'ONU. Le général de Gaulle a donné personnellement, dans une note à Kossyguine, son accord sur ce dernier point, l'invitant, comme le souhaitait celui-ci

1. Jean Lacouture, *op. cit.*, p. 499 *sqq*.

(le téléphone direct permit de régler sans formalités inutiles cette rencontre), à venir s'entretenir avec lui quand il serait sur le chemin de New York. Cet entretien eut lieu le 16 juin, et il fut repris le 1er juillet, au retour de Kossyguine des États-Unis. La position du général de Gaulle ressort clairement de ces deux entretiens. Il dit son accord avec la position soviétique, mais il marque aussi sa différence. À la position radicale de l'URSS – retrait et condamnation d'Israël –, le Général oppose une attitude plus nuancée, il n'entend pas céder sur tout. On le constate dans le compte rendu des entretiens qu'il eut à Trianon avec Harold Wilson, le 19 juin, où il lui rapporte ainsi les propos de Kossyguine : « Il tenait à ce que nous adhérions à la proposition qu'il allait faire aux Nations unies, donner l'ordre à Israël de revenir à ses positions initiales. » Et le Général développe alors son propre argument, le même qu'il opposera à Kossyguine : c'est Israël, certes, qui a attaqué, mais si l'on ne tient pas la balance égale entre les adversaires, on ne trouvera jamais de solution. Durant des mois, les contacts au sommet entre Moscou et Paris sont nombreux pour trouver une solution et essentiellement pour essayer d'obtenir la mise en application de la résolution 242 en s'appuyant sur les Nations unies. La relation franco-soviétique est étroite durant cette période de crise internationale, mais, du côté français, la prudence domine. Le général de Gaulle, dans une déclaration du 13 juillet 1967, a voulu expliquer ce que représentait cette coopération franco-soviétique : « Nous avons été amenés à prendre une position analogue à celle des Soviets pour des raisons différentes (...). Notre politique est de maintenir de bons rapports avec les pays arabes pour qu'ils n'en aient pas seulement avec les Soviets. » Cette politique commune, quelque peu ambiguë, se heurte d'ailleurs à un obstacle de taille qui est la divergence franco-soviétique sur la non-prolifération et, plus largement, à une certaine rivalité ou une inquiétude touchant à la relation soviéto-américaine.

L'entrevue de Glassboro avait suscité des doutes dans la diplomatie française, le rapprochement soviéto-américain qui s'est esquissé ne va-t-il pas dévaluer la relation franco-soviétique aux yeux de Moscou ? Lors de ses entretiens avec Kossyguine, le général de Gaulle avait naturellement évoqué le thème de la non-prolifération. Kossyguine tenta de le convaincre que l'accord soviéto-américain ouvrait la voie à un véritable contrôle de l'armement, notamment qu'il empêcherait l'Allemagne d'accéder à l'arme atomique et que la France avait tout intérêt à ne pas s'isoler. Le général de Gaulle répétant son refus de s'y associer, insistant sur sa perplexité devant « ce projet commun soviéto-américain », Kossyguine répliqua que ce n'était pas exactement un projet commun : « Je ne voudrais pas que vous ayez l'impression qu'un accord est intervenu entre l'Amérique et nous, et que nous cherchions à l'imposer au monde. »

Et Kossyguine d'ajouter : « Vous semblez dire tout le temps les États-Unis et l'Union soviétique : ce n'est pas exact, car il n'y a pas d'accord entre nous et il n'y en aura jamais[1]. »

On constate ici certaines ambiguïtés des relations franco-soviétiques. D'une part, on multiplie les contacts

1. Entretien de Gaulle-Kossyguine, 1/7/1967, DDF I, 1967, p. 852.

et les consultations. Le voyage de Georges Pompidou à Moscou et à Leningrad au début de juillet aura été l'occasion de démonstrations chaleureuses de l'amitié soviétique à l'égard de la France. Mais en même temps, on voit qu'à propos de la réaction française au projet soviéto-américain de non-prolifération des armes nucléaires se développent des divergences croissantes entre les deux pays. Et s'affirme alors chez le général de Gaulle le souci que ce qui rapproche Washington et Moscou n'éclipse pas le rôle et le rang de la France auprès de l'URSS.

Une diplomatie est-européenne pour la détente

Lors de son voyage de juin, le général de Gaulle avait mis une certaine constance à souligner que tous les pays de l'Est européen devaient participer à une relation Est-Ouest propre à favoriser la détente. Et que cette participation concernait chaque État en particulier et non un ensemble d'États, ni un *bloc* lié par une idéologie et des alliances. Fort du rapprochement avec Moscou, mais aussi, on l'a dit, parce qu'il a mesuré ce que les dissidences naissantes au sein du camp communiste ouvraient de possibilités à cet égard, le Général s'engage, dès l'été 1966, dans une véritable diplomatie est-européenne. Première cible de cette ouverture gaulienne à l'Est : la Pologne. Et ce pour des raisons historiques, d'abord et avant tout car la France a toujours entretenu une relation particulière avec ce pays. Un roi de France, Henri III, ne fut-il pas élu roi de Pologne ?

À cela s'ajoutait un intérêt particulier du général de Gaulle pour ce pays, où il avait servi à l'époque cruciale de la renaissance de l'État polonais. En 1944, à Moscou, de Gaulle avait, on l'a vu, résisté aux pressions de Staline qui l'invitait à reconnaître le gouvernement de Lublin. Au milieu des années 1960, le président français ne peut guère se prévaloir auprès des responsables polonais de son attitude de 1944, puisque ce sont les successeurs du gouvernement de Lublin qui sont au pouvoir. Mais il peut leur rappeler qu'il a donné son accord à la frontière Oder-Neisse.

En revanche, il a toujours opposé un refus aux demandes des Polonais de conclure un traité d'amitié et d'assistance mutuelle entre les deux pays. Ce projet fut avancé par Varsovie pour la première fois le 15 octobre 1945, et il revint souvent sur le tapis. À défaut d'un traité, les Polonais souhaitaient en 1946 qu'une déclaration commune soit élaborée, une demande que Paris jugeait aussi inopportune que celle du traité, même si Varsovie abandonnait l'idée d'y inclure un engagement d'assistance mutuelle. Les réticences françaises à formaliser les relations avec la Pologne, mais surtout le rapprochement franco-allemand et l'évolution interne de la Pologne après 1956 entraînèrent une certaine hostilité de ce pays envers Paris, qui se manifesta en mars 1962, lorsque le gouvernement polonais accorda sa reconnaissance au GPRA. Mais ensuite, Varsovie prit rapidement conscience que cette relation dégradée avec la France était contraire aux intérêts du pays. C'est pourquoi, après quelques tentatives maladroites de rapprochement, le président du Conseil, Cyrankiewicz, vint en France à sa demande. C'était le premier voyage du chef de l'exécutif polonais dans un pays occidental, il avait choisi de l'effectuer en France, la signification du geste ne fut pas ignorée à Paris et les rapports franco-polonais en furent très rapidement transformés.

Pour les Polonais, ce rapprochement avec Paris répondait à plusieurs préoccupations. Tout d'abord à la peur de l'Allemagne, toujours présente en Pologne. Le souvenir des années de guerre, du pacte de 1939, mais aussi la conscience que la frontière Oder-Neisse était mal acceptée par l'Allemagne, tout nourrissait les inquiétudes de Varsovie. Et les liens étroits entre Paris et Bonn, tels que les consacrait le traité de l'Élysée, faisaient craindre aux Polonais que la République fédérale ne trouve à Paris un soutien pour « nourrir sa volonté de revanche ». Il était donc urgent de renouer avec la France. Une autre raison donnait un attrait considérable au rapprochement avec la France. La Pologne de Gomulka était très liée à l'URSS, mais ce lien avait avant tout pour explication la longue expérience que Gomulka avait des Russes. Le Polonais savait qu'ils ne toléreraient aucun écart de la Pologne qu'ils tenaient pour leur principal allié. Mais en 1965, la Pologne constate la tendance grandissante dans les pays de l'Est à s'ouvrir à l'Ouest, c'est l'effet de la détente. Et la France, par sa posture indépendante, est le pays avec lequel il n'est pas compromettant de s'engager dans cette voie. La relation franco-soviétique du milieu des années 1960 contribue à les convaincre. Cyrankiewicz le dira plus ou moins clairement au président français. Il le confirme à Georges Pompidou le 14 septembre[1] : « Les conversations que j'ai eues avec le chef de l'État ont renforcé encore ma conviction

1. Compte rendu de l'entretien, DDF II, 1965, p. 327 à 332.

concernant son sens politique. La vision qu'il a de l'Europe est très importante non seulement pour la France, mais aussi pour toute l'Europe. » Cette dernière précision concerne naturellement l'est de l'Europe. La détente, Cyrankiewicz le répétera, peut être développée par la Pologne et la France, et leurs relations améliorées y contribueront. On constatera avec amusement que Pompidou, qui n'est pas naïf, relève au cours de cet entretien qu'alors que Cyrankiewicz est à Paris Brejnev, lui, est à Varsovie où « il conspire avec Gomulka ». Aussi peu naïf que le Premier ministre français, son homologue polonais insiste pour lui faire comprendre qu'il s'agit d'un bref séjour, essentiellement consacré à la chasse[1]... Toute idée d'un « œil de Moscou » surveillant le rapprochement franco-polonais est donc condamnable. Mais cet échange donne aussi le ton de la rencontre et du voyage de Cyrankiewicz, l'heure est au rapprochement, mais chacun en connaît les limites, il doit se situer dans le cadre toléré par Moscou. Le général de Gaulle l'a d'ailleurs dit au Premier ministre polonais. L'ayant assuré que la France était consciente de ce qui lie son pays à l'URSS, il lui conseille d'agir dans ce cadre sans tenter de le bousculer. Le souvenir d'octobre 1956 où les chars soviétiques avançaient vers Varsovie hante toujours les interlocuteurs.

Ce cadre est d'abord celui des relations économiques qui s'accélèrent alors. Valéry Giscard d'Estaing se trouve en Pologne, en octobre, pour y signer un accord commercial à long terme. Les plus hautes autorités polonaises lui font un accueil chaleureux. À l'accueil commercial s'ajoutera un accord

1. *Ibid.*, p. 330.

culturel, aisé à négocier, car les Polonais apprécient hautement la place de la culture et de la langue françaises dans leur pays et les liens qui pourront se développer ainsi. L'accord est signé à Varsovie par le ministre français des Affaires étrangères. Ce rapprochement est renforcé encore par la venue à Paris du vice-président de la Diète polonaise Zenon Kliszko, qui arrive accompagné d'une importante délégation. Revenant sur quelques questions traitées par Cyrankiewicz, Zenon Kliszko déplore le déséquilibre des relations économiques entre les deux pays, la balance commerciale étant toujours favorable à la France. Les Polonais se plaignent que leur charbon, pourtant d'excellente qualité, y soit ignoré ainsi que leurs biens d'équipement. Puis, toujours, la question allemande ressurgit dans ces rencontres, réveillée par le constat des divergences franco-polonaises sur le sujet. Kliszko dit au général de Gaulle que si l'on admet le principe éventuel d'une réunification allemande, il faut aussi admettre qu'elle se fera par la négociation entre les deux parties. Or la France refusant de reconnaître la RDA, comment imagine-t-elle une unification dont l'État est-européen ne serait pas l'acteur, ce serait, dit Kliszko, une annexion pure et simple. La question de la RDA ne pouvant être résolue selon les vœux polonais, le Général plaida que seule la détente créerait le climat permettant de régler les problèmes de l'après-guerre[1]. Et c'est sur la perspective heureuse du voyage du Général en Pologne que les interlocuteurs se séparent.

1. Entretien de Gaulle-Kliszko, 13/5/1966, DDF I, 1966, p. 849-855.

Depuis la reconnaissance du GPRA quatre ans plus tôt, les nombreux échanges entre hauts responsables de Paris et Varsovie ont bien amélioré le climat politique, même si, dans les domaines pratiques – en économie surtout –, les intentions l'emportent sur les réalisations. À Varsovie, Couve de Murville rencontre Gomulka et le ministre des Affaires étrangères, Rapacki. Si le thème du déséquilibre des relations économiques est repris, la partie la plus intéressante des entretiens porte sur la politique étrangère et les moyens d'assurer la sécurité en Europe. Rapacki ajoute alors à son *plan* bien connu la proposition de négocier un accord entre États non nucléaires d'Europe centrale pour la non-production et la non-acquisition d'armes atomiques, et il appelle à nouveau à la réunion d'une conférence sur la sécurité européenne. Le sang-froid, l'élégance britannique de Couve de Murville laisseront aux Polonais l'impression qu'en dépit de quelques réticences les idées avancées par Rapacki ont été entendues. Ce qui augure favorablement de l'accueil qui va être fait au général de Gaulle.

Ce voyage, qui aurait dû avoir lieu au début de l'année, est retardé jusqu'à l'automne. Il a lieu du 6 au 12 septembre 1967. La guerre israélo-arabe a bouleversé tous les agendas. Le Général revient alors du Canada où il a lancé l'appel au « Québec libre ». Cet homme qui connaît si bien l'histoire, qui, durant le voyage au Canada, a voulu solder la dette des Bourbons, est de la même manière poursuivi en Pologne par l'histoire, par le passé d'un peuple qui fut d'abord conquérant, puis dominé et enfin privé de son existence durant plus de deux siècles. Ce sont ces souvenirs qui l'accompagnent, le 6 septembre 1967, lorsqu'il pose le pied sur le sol polonais. À l'aéroport, lorsqu'il quitte son avion, il salue la Garde qui lui rend les honneurs, il le fait en polonais, et c'est le délire. Certes, les Polonais ne sont pas tous en accord avec de Gaulle. S'ils sont unanimes probablement à adhérer à l'idée de la détente qui suggère que les pays soviétisés pourraient retrouver une certaine autonomie de décision, pour beaucoup de Polonais la position dite « antiaméricaine » du Général est inacceptable. L'Amérique est pour eux l'ennemi de l'URSS et donc la seule puissance qui pourrait un jour, espèrent-ils, les libérer de l'étau soviétique. Cette réaction d'une partie de l'opinion polonaise est renforcée par les commentaires de la presse officielle sur l'hôte de la Pologne. C'est avant tout la distance que le général de Gaulle a prise avec l'OTAN, sa mise en cause de l'hégémonie américaine que la presse met en lumière. En dépit de cela, un accueil chaleureux, la ferveur populaire vont l'entourer et grandir au cours du voyage. Position antiaméricaine mais aussi position indépendante de la France, cela impressionne les Polonais. Et son discours plus encore. Dès le lendemain de son arrivée, s'adressant à Cyrankiewicz et Rapacki au palais du Belvédère, il déclare : « La France ne dépend de personne. Sa politique d'indépendance, de paix et de coopération n'est pas une politique facile dans un monde où existent deux très grandes puissances. La France a toujours *voulu* la Pologne, alors que d'autres ne l'ont pas toujours voulue. À nos yeux (...) vous êtes un peuple qui doit être au premier rang. » Certes la foule n'était pas là pour entendre ces paroles, mais le propos circula presque aussitôt. Puis, le général de Gaulle s'adressa aux Polonais à Varsovie, à Cracovie, à Gdańsk. À Katowice, il sera reçu par Edward Gierek, le successeur de Gomulka peu d'années plus tard, et nul durant cette rencontre n'imagine encore les changements qui vont ébranler l'Est européen. À Auschwitz, le général de Gaulle prend la mesure du mal absolu et commente : « Quel dégoût. »

Mais il avait souhaité rencontrer le cardinal Wyszyński, le primat qui incarnait la résistance au système communiste. Cette entrevue avait fait l'objet d'une dure négociation durant le voyage préparatoire de Rapacki en janvier 1967. Le ministre fort embarrassé avait justifié le refus d'organiser une telle rencontre en l'imputant à Gomulka. L'évêque de Cracovie, Mgr Wojtyla, qui sera porté, à la fin de la décennie suivante, à la tête de l'Église, offrant ainsi pour la première fois à la Pologne un pape, ne recevra pas davantage le Général, par déférence à l'égard du cardinal Wyszyński dira-t-il. Dans cette affaire, Gomulka a assigné d'emblée des limites à la politique de rapprochement et le général de Gaulle a dû s'incliner. À propos de ces refus, François Puaux note : « Le Général y tenait énormément [à voir le cardinal]. Dans son idée il aurait été à la messe à la cathédrale de Varsovie et le cardinal primat l'aurait accueilli à l'entrée de la cathédrale. » Et, plus loin, il commente : « J'ai toujours pensé que l'élection du cardinal Wojtyla au pontificat n'aurait pas été possible si de Gaulle n'avait pas amorcé cette politique de détente qui a été suivie par les politiques allemands. Or (...) ce sont les cardinaux allemands qui ont fait l'élection de Wojtyla[1]. »

1. François Puaux, entretiens, *op. cit.*, p. 15.

Le général de Gaulle rencontre l'Église polonaise à Gdańsk, le 10 septembre, où, assistant à la grand-messe du dimanche dans la cathédrale, il est accueilli par un imposant rassemblement de clercs et de diacres. C'est pour l'Église de Pologne une manière de rattraper le rendez-vous manqué avec le primat.

Après le spirituel, vint le retour au politique. Devant les responsables de la voïvodie de Gdańsk, qui avaient organisé en son honneur un grand repas, le Général fit une déclaration tonitruante : « La France n'a pas de conseil à donner à la Pologne, mais elle a pour elle assez d'amitié et de respect pour se féliciter de la vocation nouvelle qui est la vôtre. Elle espère que vous verrez un peu plus loin, un peu plus grand peut-être que ce que vous avez été obligés de faire jusqu'à présent. Les obstacles qui vous paraissent aujourd'hui insurmontables, vous les surmonterez. Vous comprenez tous ce que je veux dire[1]. »

Nul doute que ceux qui écoutaient le général de Gaulle ce 10 septembre dans un village des abords de Gdańsk comprirent ces allusions à peine déguisées à ce qui pesait sur leur liberté, et l'appel à aller de l'avant en dépit des obstacles. On imagine volontiers, dans la foule qui écoute le général de Gaulle, un électricien encore inconnu, nommé Lech Walesa. Et ce discours, si osé pour l'Europe de l'Est des années 1960, fut compris aussi par Gomulka qui, dès le lendemain, y réagit avec violence. S'exprimant devant la Diète polonaise, il dira alors : « La Pologne a tiré toutes les conclusions de ses expériences historiques. L'alliance avec l'Union soviétique et les traités

1. *Ibid.*

conclus avec les pays socialistes de l'Europe orientale, voilà la pierre angulaire de la politique de la République populaire de Pologne. » Tout est dit dans cette phrase, l'alignement sur Moscou et les alliances inévitables, pacte de Varsovie et Comecon, telle est la voie que doit suivre la Pologne.

De Gaulle a ensuite un long entretien avec Gomulka. Il le qualifie « de franc et d'intéressant », mais là s'arrêtent ses commentaires. De Gaulle essaie de convaincre son interlocuteur qu'il est possible d'améliorer les relations avec l'Allemagne, et que l'exemple de la réconciliation franco-allemande en est un témoignage incontestable. Gomulka reste sourd à ces arguments.

La visite du général de Gaulle en Roumanie fut différente à bien des égards, mais, comme pour le périple polonais, il importe de souligner qu'une fois encore le déplacement du général de Gaulle s'effectue dans un contexte de crise. Crise double cette fois-ci, puisqu'elle concerne à la fois la France et un pays de l'Europe de l'Est.

En France d'abord, la toile de fond du déplacement du général de Gaulle est loin d'être rassurante. La révolte étudiante a éclaté le 22 mars 1968 à Nanterre, et elle s'est rapidement étendue. En mai, c'est une véritable explosion, marquée par l'occupation de la Sorbonne, le 3, et des manifestations qui transforment le Quartier latin en théâtre de confrontations violentes entre étudiants et forces de police. Dès le 7 mai, les étudiants s'efforcent d'élargir leur mouvement à la classe ouvrière, l'appelant à se joindre à eux. Si les syndicats et la Parti communiste veulent ignorer cet appel, éviter une fusion des oppositions étudiante et ouvrière, et garder le contrôle de leurs troupes, ils ne peuvent se tenir à l'écart de ce qui est perçu alors comme une révolution. Les occupations d'usines, l'appel à la grève générale sont l'autre aspect de ce mois de mai 1968 si troublé.

Hors de France, la Tchécoslovaquie connaît depuis l'automne 1967 une crise qui a commencé aussi dans le monde étudiant, mais qui, en quelques mois, débouche sur un ébranlement politique tel que l'on n'en avait encore jamais vu dans le monde communiste. L'URSS, bien qu'alarmée, attendit deux mois avant de réagir, observant avec attention le développement des événements. Puis, sa patience épuisée, Leonid Brejnev se rendit au début de décembre à Prague et imposa un changement à la tête du PC et de l'État. Antonin Novotný, chef du Parti depuis 1953 et président de la République depuis 1957, fut contraint de s'effacer au bénéfice d'Alexandre Dubcek, un Slovaque incarnant la revanche d'un peuple qui s'estimait doublement brimé par la Russie et par les Tchèques. De prime abord, ce fut un heureux changement, puisque Prague semblait devenir un pôle de révisionnisme et peut-être même un modèle de transformation libérale pour l'Europe de l'Est. Le monde entier suivit avec passion le « printemps de Prague » qui, on le crut, pourrait déclencher un « printemps des peuples ». Et le général de Gaulle pouvait penser que les initiatives de Dubcek faisaient écho aux conseils qu'il avait prodigués quelques mois plus tôt aux Polonais. Ces derniers n'ont d'ailleurs pas hésité à suivre l'exemple tchèque. Varsovie et diverses villes de province sont le théâtre, en mars 1968, de manifestations étudiantes. Le pouvoir, qui a pris depuis 1966, pour éviter la contagion, des mesures répressives discrètes à l'égard de grandes figures intellectuelles – c'est le cas du grand philosophe Leszek Kolakowski – va étendre peu à peu la répression aux mouvements étudiants. Moscou suit avec attention ces développements, mais sans intervenir. Optimistes, les Tchèques et les Slovaques sont convaincus que leur évolution est acceptée par le *grand frère* ; il leur faudra peu de temps pour constater que ce n'était qu'une illusion.

Le voyage roumain du général de Gaulle se déroule dans cette atmosphère doublement troublée. Lorsqu'il quitte Paris, le 14 mai, la situation politique de son pays paraît très sérieuse, et son propre avenir compromis. Les défilés sont en effet ponctués d'appels à son départ, « Dix ans, cela suffit ! », tel est le slogan indéfiniment répété. Son départ inquiète la plupart de ses collaborateurs. Mais le général de Gaulle est convaincu que son action internationale, ce qu'on appelle le « domaine réservé », est l'essentiel, que c'est le cœur de la politique, qu'elle peut aussi servir à ramener la paix intérieure. Peut-être aussi considère-t-il qu'au regard des enjeux de son voyage – encourager l'esprit d'émancipation à Bucarest, comme il l'a fait en Pologne, soutenir par là même l'évolution en Tchécoslovaquie – les « agitations » des étudiants français sont bien dérisoires.

Quelques jours avant de s'envoler pour Bucarest, le général de Gaulle confie à son aide de camp[1] : « Le remue-ménage que ma politique contribue à instaurer n'est pas pour me déplaire. La *Petite Entente*

1. François Flohic, *Souvenirs d'Outre-Gaulle*, Paris, Plon, 1979, p. 198.

– Roumanie-Pologne-Tchécoslovaquie – renaît. Cela ne satisfait pas les Russes. Mais dès l'instant où ils ont décidé de faire les gracieux, ils ne peuvent plus rien dire. » Cette remarque donne la mesure de l'optimisme du général de Gaulle. Que la Petite Entente soit en train de revivre dans le silence de Moscou, n'est-ce pas le signe que la transformation des esprits a aussi gagné ? Trois mois plus tard, le Général devra reconnaître que cet optimisme n'était guère fondé.

On sait cependant que le général de Gaulle avait hésité à quitter un Paris agité et qu'il s'était montré attentif aux conseils de prudence que lui prodiguait le ministre de l'Intérieur, Christian Fouchet. De plus, il n'ignorait pas que Ceausescu, peut-être pour apaiser à l'avance Moscou et préserver sa liberté de manœuvre, avait tenu, lors de la réunion du plenum élargi du PC roumain, les 21 et 22 mars, des propos fort orthodoxes sur la situation internationale. Ce souci de rassurer Moscou allait faciliter sa rencontre avec le général de Gaulle les 14 et 15 mai.

L'accueil que réservèrent les Roumains au Général est exceptionnellement chaleureux, triomphal, diront les commentateurs. Dès son arrivée, le général de Gaulle, lors d'un premier entretien avec Ceausescu, exposa ses vues sur l'avenir de l'Europe. Le même discours qu'en Pologne : « Nous croyons qu'une dépendance trop longue ou même définitive compromettrait l'équilibre en Europe. Dans une telle situation, l'Occident devrait nécessairement s'arranger avec les États-Unis, en d'autres termes il y aurait deux blocs. Cela signifie que, pour assurer la paix en Europe, c'est vous, c'est la Pologne, la Tchécoslovaquie, la Bulgarie qui pouvez jouer un rôle capital. J'ai dit qu'il me paraissait normal que nous ayons de bons rapports avec l'Union soviétique, mais il ne faudrait pas qu'elle développe son emprise sur l'Europe de l'Est[1]. » Et plus tard, le Général ajoute : « (...) nous nous intéressons à la Roumanie, parce que vous avez su reprendre votre liberté d'action dans les domaines économique et politique. » Prudent, Ceausescu précise à deux reprises au cours de l'entretien : « Je voulais dire qu'un régime comme le nôtre n'est pas imposé de l'extérieur » et « être en bons termes avec l'URSS, c'est là une nécessité pour la Roumanie[2] ».

Le 15 mai, les deux chefs d'État, s'entretenant en présence de leurs ministres, se sont attardés à définir les voies de coopération à développer. Le général de Gaulle tenta de convaincre son interlocuteur que l'adoption du procédé Secam serait bénéfique pour la Roumanie, d'autant que l'URSS était partie prenante dans cette entreprise. Si Ceausescu ne parut pas pressé de disposer d'une télévision en couleur, plusieurs accords furent en revanche agréés. Accords modestes, certes : ouverture de bibliothèques, française à Bucarest, roumaine à Paris, création d'une commission pour développer la coopération économique. Mais, surtout, le général de Gaulle et Ceausescu ont mis l'accent sur leur accord quant à la voie politique qu'il fallait suivre, développer et conforter la détente par des contacts multipliés, et en même temps ménager Moscou.

À comparer les voyages de Pologne, en septembre 1967, et de Roumanie, en mai 1968, on doit

1. Entretien de Gaulle-Ceausescu du 14/5/1968 (compte rendu), DDF I, 1968, p. 784.
2. *Ibid.*, p. 786.

constater que si, à Varsovie comme à Bucarest, les pourparlers ont sans cesse affirmé un même objectif pour l'avenir de l'Europe de l'Est, l'autonomie de chacun des pays de la région, une autonomie que le général de Gaulle encourage et que Gomulka et Ceausescu revendiquent comme un droit absolu, de grandes différences de tonalité caractérisent les propos tenus. Gomulka souligne sans cesse son autorité face à Moscou, mais il rappelle aussi qu'elle s'inscrit dans un cadre acceptable pour Moscou, et il est patent, à cette époque précise, que la direction soviétique l'admet. En revanche, Ceausescu peut paraître plus prudent dans ses propos. Cela tient à ce qu'il pose de manière encore implicite, mais dans le monde communiste le non-dit est toujours compris de tous, des questions fondamentales mettant en cause tout le système de Yalta, donc très dangereuses pour Moscou. En posant nettement que chaque Parti communiste, et pas seulement chaque État doté d'un régime socialiste, est libre de définir *à sa manière* l'intérêt national, qu'intérêt national et intérêt du socialisme se confondent, Ceausescu est à un cheveu de formuler la question décisive : est-il possible de se détourner des normes soviétiques – et pas seulement de la politique étrangère de l'URSS – sans trahir le socialisme ? C'est la question que la Tchécoslovaquie pose en 1968, Ceausescu en est conscient et il sait que, par là même, le système a atteint son point de rupture. Cela explique l'extraordinaire modération de ses interventions face au général de Gaulle. Celui-ci a sinon compris tout ce que recouvre la prudence de son interlocuteur, du moins qu'il a de bonnes raisons de se comporter ainsi, et il s'y adapte, prenant à Bucarest lui aussi un ton mesuré qui ne lui est pas habituel. Cela n'enlève rien au succès du voyage. Succès en Roumanie que contesteront certains commentateurs. Si le faste exceptionnel avec lequel la Roumanie a accueilli le président français a été souligné, les réserves n'ont pas manqué. En particulier, les critiques du général de Gaulle ont affirmé que Ceausescu, si porté d'habitude aux déclarations d'indépendance, a face au Général souligné que la coopération Est-Ouest n'était pas pour la Roumanie une coopération exclusive, en d'autres termes que Bucarest ne voulait pas entrer dans le rôle que la France prétendait lui assigner[1].

Peut-être n'est-il pas indifférent de noter qu'à Moscou le voyage roumain n'aura guère suscité de réactions négatives, et cette retenue assez exceptionnelle se conçoit à la lumière de la prudence qui présida aux échanges.

Le second « coup de Prague » : la fin des illusions

Plus que la Roumanie, c'est la situation en Tchécoslovaquie qui continue à retenir l'attention de Paris. Le général de Gaulle considérait que les Tchèques manquaient de la prudence qui caractérisait Varsovie ou Bucarest et qu'ils couraient à la catastrophe. Il dit au début de juillet à Jean-Marie Domenach qui, rentré de Prague, vint lui confier ses impressions : « Ils vont trop vite et trop loin. Les Russes vont intervenir. Alors comme toujours les Tchèques vont renoncer à se battre et la nuit retombera sur Prague. Il se trouvera tout de

1. *Washington Post*, 19 mai 1968.

même quelques étudiants pour se suicider[1]. » Jugement cruel et ô combien lucide !

Dans la nuit du 20 au 21 août 1968, les troupes du pacte de Varsovie, auxquelles ne participent pas les Roumains, entrent dans Prague. Comme l'avait prévu le général de Gaulle, les chefs du « printemps de Prague » protestent avec véhémence contre l'invasion, mais demandent au peuple de ne résister que de manière passive, par la dignité. L'armée tchécoslovaque est certes nombreuse et bien entraînée, mais elle est trop intégrée dans les forces du pacte de Varsovie pour pouvoir réagir vite et efficacement. Et Dubcek évoque l'exemple hongrois de 1956 pour prévenir ses compatriotes qu'en résistant à l'URSS ils risquent fort d'être abandonnés par l'Occident, comme le furent les Hongrois. Quelques mois encore, et un étudiant tchèque, Jan Palach, s'immole par le feu en public, au centre de la capitale. Sa légende héroïque n'a cessé d'inspirer ses compatriotes. Le général de Gaulle peut se flatter d'avoir prévu cette tragédie.

On a souvent attribué au général de Gaulle le commentaire lapidaire « incident de parcours » pour qualifier le coup de Prague. C'est une erreur. Ce propos n'est ni du général de Gaulle ni de Michel Debré, comme on l'a prétendu également et qui a démenti cette attribution, mais, comme le précise fort justement André Fontaine, il appartient au président Johnson. Il avait en effet déclaré, à New York, le 10 septembre 1968 : « Ce fâcheux incident de parcours n'aura que des conséquences momentanées, et

1. Cité par Jean Lacouture, *op. cit.*, t. III, p. 547.

nous nous y emploierons[1]. » Pour sa part, le Général, qui se renseignait passionnément sur la réaction des autorités et du peuple tchèques, commenta avec tristesse : « Que faire pour une nation qui ne veut pas se défendre[2] ? »

À l'issue du Conseil des ministres, le communiqué publié disait : « L'intervention armée de l'Union soviétique en Tchécoslovaquie montre que le gouvernement de Moscou ne s'est pas dégagé de la politique des *blocs* imposée à l'Europe par l'effet des accords de Yalta. (...) La France (...) constate et déplore le fait que les événements de Prague, outre qu'ils constituent une atteinte aux droits et au destin d'une nation amie, sont de nature à contrarier la détente européenne. »

Le ton du communiqué est fort modéré. Yalta et la « politique des blocs » sont tout autant montrés du doigt que la politique soviétique. Le 24 août, Hervé Alphand reçoit l'ambassadeur Zorine et l'informe que la France exige le retrait des troupes du pacte de Varsovie de Tchécoslovaquie[3]. « L'atmosphère est glacée, commente Alphand, Zorine répète que l'intervention répondait à l'appel des "dirigeants tchécoslovaques" dont, malgré mon insistance, il ne me donne toujours pas le nom (...), pour lui, c'est une affaire qui n'intéresse que l'alliance socialiste et ne met en péril la sécurité d'aucun État. » Le général de Gaulle est

1. André Fontaine, *Un seul lit pour deux rêves. Histoire de la détente, 1962-1981*, Paris, Fayard, 1981, p. 138.

2. Alain de Boissieu, *Pour servir le Général, 1946-1970*, Paris, Plon, 1982, p. 208.

3. Hervé Alphand, *L'Étonnement d'être, Journal 1938-1973*, Paris, Fayard, 1997, p. 513.

tout à la fois indigné, affecté par cette démonstration de l'échec de sa politique, ou d'un certain échec, et soucieux de ne pas rompre avec elle. De là sa volonté de regarder l'événement avec une certaine distance. Quelques semaines plus tôt, il avait dit à l'ambassadeur français à Moscou, Olivier Wormser, venu l'alerter sur l'imminence d'une action soviétique à Prague : « C'est une querelle entre communistes, et après tout, je m'en bats l'œil[1]. » Cette formule abrupte et parlante dont le général de Gaulle avait le secret traduit à la fois son scepticisme quant aux vertus militaires des Tchèques et un certain découragement qu'André Fontaine a très justement souligné. On la doit aussi au fait que les Soviétiques se sont évertués alors à ménager la susceptibilité de la France. L'un des acquis de la visite en URSS du général de Gaulle en 1966 était l'engagement de procéder à des consultations bilatérales régulières, ou exceptionnelles dans les cas d'urgence. En application de ces accords, la France fut informée de l'opération qui allait mettre au pas le gouvernement Dubcek au moment même où elle s'engageait. Hervé Alphand relate dans ses Mémoires : « Dans la nuit du 20 août, je suis réveillé par Bruno de Leusse. Zorine a, vers 1 h 30 du matin, voulu remettre un message à de Gaulle. Il a été reçu par Tricot. Pour lui annoncer que les forces soviétiques accompagnées des polonaises (…) répondant à l'appel des dirigeants de la République socialiste de Tchécoslovaquie avaient reçu l'ordre de franchir la frontière

1. Olivier Wormser, « L'occupation de la Tchécoslovaquie vue de Moscou », *Revue des Deux Mondes*, 1978, p. 590-595, cité par Éric Roussel, *op. cit.*, p. 890.

tchèque pour protéger cette nation contre les menaces extérieures et intérieures[1]. »

Henri Froment-Meurice raconte dans son *Journal*[2] *de Moscou* ces moments tragiques qu'il vécut au cœur de l'ambassade avec un regard plus « intérieur » que les diplomates qui conféraient à Paris avec Zorine. Il reconnaît avoir été « presque soulagé » que soit arrivé l'événement qu'il attendait avec certitude. Et il analyse le coup de Prague non comme un nouveau Munich qui avait bouleversé l'équilibre des forces en Europe – cette analyse est très à la mode en août 1968 chez les Occidentaux – mais comme le maintien forcé du statu quo que le « printemps de Prague » était en train de remettre en cause. Et sa conclusion concernant la politique française mérite d'être rapportée : « Nous poursuivrons notre politique avec l'URSS, avec gêne sans doute, mais nous le ferons quand même, j'en suis convaincu car le Général n'a plus de politique étrangère s'il ne peut plus jouer avec les Russes. Il ne peut que bouder, triste et solitaire ou se ranger de nouveau sous la bannière de l'OTAN, ce qu'il ne fera jamais[3]. »

Cette analyse est à la fois exacte – le Général entend ne pas changer de politique malgré le grand coup de canif porté à la détente –, mais sévère, car elle insiste avant tout sur l'immobilisme intellectuel du général de Gaulle. Or celui-ci est habité par une conviction profonde qu'il confie à ses ministres au cours d'un

1. *L'Étonnement d'être*, *op. cit.*, p. 512.

2. Henri Froment-Meurice, *Journal de Moscou*, Paris, Armand Colin, 2011.

3. *Ibid.*, p. 346-347.

Conseil : pour lui, la politique qui vise à disloquer les blocs est la seule qui ait des perspectives d'avenir[1].

Le Général dont l'esprit, quoi qu'en disent ses détracteurs, n'est jamais en repos, envisage que le coup de force soviétique puisse aussi présenter des avantages pour l'évolution de l'Europe de l'Est, donc en dernier ressort pour le progrès de la détente. Les expériences passées de *normalisation* – Hongrie en 1956 – montrent que Moscou peut chercher à compenser un coup de force par des concessions au pays qui l'a subi. La Tchécoslovaquie *occupée* ne peut remettre en cause le statu quo, mais ses responsables, qui ne sont aux yeux de leurs compatriotes que des « collaborateurs », pourraient être tentés de racheter leur soumission à Moscou par une modification interne du système. Le « socialisme du goulasch », inventé par les Hongrois, en aura fait la preuve, et le général de Gaulle en a mesuré les conséquences.

En dépit de cette résignation apparente au coup de Prague, ses effets négatifs sur la relation franco-soviétique et sur la politique étrangère de la France se font vite sentir. Dans sa conférence de presse du 9 septembre 1968, le général de Gaulle condamne sans ménagement le totalitarisme soviétique : « La France dit-il, veut faire entendre "au grand peuple russe ami désigné de la France" qu'elle attend beaucoup plus de lui que de le voir s'enfermer et enchaîner ses satellites à l'intérieur des clôtures d'un totalitarisme écrasant. » Et il redit sa confiance dans le grand mouvement de libération qui soulève les peuples et auquel l'idéologie n'a d'autre réponse que d'imposer sa domination sur

1. Maurice Vaïsse, *La Grandeur*, *op. cit.*, p. 447.

eux. « Aucune idéologie, notamment le communisme, ne peut l'emporter sur un sentiment national, compte tenu de l'aspiration générale vers le progrès et l'apaisement, il est trop tard pour réussir à diviser pour toujours l'Europe en deux blocs opposés[1]. »

On constate alors un net ralentissement des échanges entre Paris et Moscou. Aucune visite de haut niveau n'aura lieu entre ce moment et le départ du général de Gaulle. La *Grande Commission* se réunit en janvier 1969 et, à cette occasion, le général de Gaulle donne audience le 7 janvier à son président soviétique, Kiriline. Seuls quelques voyages sont maintenus, liés à la coopération économique (Patolichev, ministre du Commerce extérieur, à Paris, en avril 1969) et scientifique (Galley, chargé de la recherche scientifique et des questions nucléaires, à Moscou, en mai). Sans doute le général de Gaulle ne veut-il pas perdre totalement le contact avec Moscou. Il reçoit l'ambassadeur Zorine, à deux reprises, en novembre. Lors de leur seconde entrevue, le 28 novembre, Zorine est porteur des propositions de Kossyguine dans les domaines de coopération économique et politique, ainsi, il annoncera une commande importante de biens de consommation industriels, afin d'améliorer l'équilibre de la balance commerciale franco-soviétique, grand sujet des doléances de la partie française.

Une diplomatie plus consensuelle

Pour la France, l'année 68 se termine mal. Elle est affaiblie financièrement par la crise du système

1. DM V, 1966-1969, p. 334 et 355.

monétaire international. Le dénouement du Printemps tchécoslovaque et Mai 68 ont aussi affecté l'autorité du général de Gaulle. Étienne Manac'h rapporte dans ses Mémoires ces propos d'un diplomate avisé : « C'est l'heure de la curée. Tous s'enhardissent et l'attaquent. Les événements ont tué sa politique[1]. »

Sans renoncer à la détente, le général de Gaulle infléchit alors quelque peu sa politique à l'Ouest. Cela lui est rendu plus facile par l'élection du président Nixon en novembre et par l'évolution de la politique américaine. Paris et Washington se sont retrouvés autour d'une cause commune. Les négociations avec Hanoï, ouvertes à Paris dès le printemps 1968, où la France a apporté une très utile contribution, ont facilité le rapprochement avec les États-Unis. La visite officielle du nouveau président américain à Paris, en février 1969, témoigne d'une entente retrouvée qui se manifeste aussi dans une certaine révision stratégique. En novembre 1968, la France s'associe à une motion du Conseil de l'OTAN provoquée par l'expansion de la marine soviétique en Méditerranée. Les autorités soviétiques sont averties que « toute intervention (...) influençant directement ou indirectement la situation en Europe ou en Méditerranée entraînerait une crise internationale[2] ». Et sitôt ce texte adopté, les forces françaises déployées dans l'océan Atlantique viennent soutenir en Méditerranée les forces de l'OTAN. Enfin, le 4 avril 1969, le général de Gaulle reconduit le Pacte atlantique !

1. Étienne Manac'h, *Mémoires d'extrême-Asie*, Paris, Fayard, 1977, p. 34.

2. Cité par Marie-Pierre Rey, *La Tentation du rapprochement*, *op. cit.*, p. 66.

Dans le même temps, le général de Gaulle s'efforçait aussi – toujours l'ouverture à l'Ouest ! – de renouer avec la Grande-Bretagne. Dans le contexte de crise économique de 1968, l'idée d'un élargissement de l'Europe chemine, et l'excellent commentateur qu'est André Fontaine suggère que Paris et Londres « devraient trouver le moyen de se faire la courte échelle comme l'aveugle et le paralytique de la fable[1] ». À une certaine urgence économique s'ajoute un facteur humain. Michel Debré, qui a succédé à Maurice Couve de Murville au Quai d'Orsay, est un anglophile convaincu et il pousse le général de Gaulle à cette réconciliation. Par suite de malentendus, liés probablement à la profondeur du ressentiment anglais face à un de Gaulle qui a fermé la porte du Marché commun aux voisins d'outre-Manche, la négociation échoue. C'est l'*affaire Soames* qui laisse un grand sentiment d'amertume au général de Gaulle, dont le commentaire final sera : « Il n'est pas possible de travailler sérieusement avec la Grande-Bretagne[2]. »

En ce milieu d'année 1969, le général de Gaulle, qui se prépare à quitter le pouvoir, ne jouit plus d'une grande popularité, surtout dans son pays. Et il peut s'interroger sur le bilan de sa politique étrangère. Que reste-t-il de son grand dessein ?

Beaucoup de déconvenues récentes, particulièrement à Prague ou dans le dialogue un moment renoué avec Londres. Mais, sur le fond, les circonstances lui montrent qu'il a vu juste sur ce qui fondait son pari : la nécessité de briser le monde des idéologies.

---

1. *Le Monde*, 27 novembre 1968.
2. Cité par Maurice Vaïsse, *La Grandeur*, *op. cit.*, p. 612.

À l'heure de son départ, quels témoignages de sa sagacité ! En République fédérale, les élections générales de septembre portent au pouvoir une coalition de sociaux-démocrates et de libéraux qui conduira Willy Brandt à la chancellerie. Celui-ci n'a jamais dissimulé sa volonté d'un rapprochement avec la RDA et l'espoir par là même de mettre fin à la division de l'Europe et au monde des blocs antagonistes : « Pendant des siècles, écrit-il, l'Allemagne a été un pont entre l'ouest et l'est de l'Europe. Nous voulons multiplier nos efforts pour construire au mieux ce pont que les guerres ont détruit[1]. » L'*Ostpolitik* est engagée, n'est-ce pas la manière dont le général de Gaulle concevait l'avenir européen ?

La vision du Général rencontre aussi une nouvelle politique américaine à l'égard de Moscou, en rupture avec celle des prédécesseurs de Nixon ; Kissinger, qui va la conduire, explique ce tournant : « Quelle que fût notre méfiance à l'égard de l'Union soviétique, nous ne pouvions pas mener la politique traditionnelle d'équilibre des forces prônant la confrontation pour éliminer les crises. Il fallait avant tout éviter une guerre atomique[2]. » Et, plus loin, il ajoute : « En 1969, l'Occident ressentait une lassitude croissante devant les rigueurs de la guerre froide. L'OTAN s'était vue contestée. Les dirigeants européens avaient dû adopter une attitude favorable à la détente dans le but de servir de pont entre l'Est

---

1. Willy Brandt, *La Paix en Europe*, Paris, Albin Michel, 1969, p. 151.

2. Henry Kissinger, *À la Maison-Blanche*, Paris, Fayard, 1996, t. I, p. 130.

et l'Ouest[1]. » Quel salut au général de Gaulle, ce précurseur qui prônait la détente dès le milieu des années 1960 au risque d'être accusé de naïveté ou de tentation neutraliste.

Ce n'est pas tout. Le général de Gaulle avait toujours insisté sur la précarité des liens soviéto-chinois, sur leur rupture inéluctable ; donc sur une nécessaire révision de la politique menée à l'égard de la Chine.

Au moment même où il va quitter le pouvoir, le monde reçoit une démonstration éclatante de ses prévisions. On avait souvent, en Occident, minimisé la signification du conflit idéologique sino-soviétique, le ramenant tantôt à de simples « escarmouches », tantôt en le traitant de « rideau de fumée » destiné à aveugler et à neutraliser les adversaires de l'URSS leur faisant croire qu'elle connaissait de sérieuses difficultés avec ce *pays frère* en communisme. En mars 1969, des incidents éclatent sur l'Oussouri et sur divers autres points de la frontière sino-soviétique. Les prétendues escarmouches ne sont-elles pas annonciatrices d'un conflit armé ? En août, le patron de la CIA, Richard Helms, informe Kissinger que « le Kremlin sonde les pays frères sur leur réaction à une attaque préventive contre les installations nucléaires chinoises ». Le 5 septembre, le secrétaire à la Défense, Richardson, déclare que les États-Unis doivent se rapprocher de la Chine, sans prendre parti dans la querelle avec Moscou tant la menace d'une escalade est réelle. Déjà au début de l'année, rencontrant de Gaulle à Paris, Nixon lui avait dit son intention de nouer un vrai dialogue avec

1. *Ibid.*, p. 190.

Pékin[1]. Une fois encore, le général de Gaulle avait tracé la voie…

Mais pour lui, il est trop tard, il quitte le pouvoir le 28 avril 1969. À Georges Pompidou d'ouvrir une nouvelle page de l'histoire politique de la France. De Gaulle parti, durant les mois qui suivent, la vie internationale est dominée par une reprise rapide et nette des relations Est-Ouest. Les négociations se multiplient pour tenter de réduire les armements, et l'on envisage une conférence paneuropéenne. À Colombey, d'où il observe cette évolution, le général de Gaulle peut se convaincre que la détente qu'il a si ardemment prônée, dont il a ouvert la voie, occupe soudain les esprits et tous les grands pays. Quelle revanche !

1. Richard Nixon, *Mémoires*, Stanké, Paris, 1978, p. 268-269.

Conclusion

Quand le général de Gaulle disparaît, en 1970, l'Europe a toujours le même statut territorial qu'en 1945. C'est encore l'Europe de Yalta. Raymond Aron écrivait en 1965 : « Le général de Gaulle n'y changera rien[1] » et, plus loin : « La force des choses continue d'agir et de fixer des bornes. Rien n'interdit les tours de valse, tout empêche le renversement d'alliances. »

Lorsqu'il succède au général de Gaulle, Georges Pompidou paraît donner raison à Raymond Aron. En octobre 1970, il se rend en URSS. Il y est lui aussi accueilli triomphalement, comme le général de Gaulle. Il est, comme lui, l'objet des pressions soviétiques visant à lui arracher la signature d'un traité d'amitié. Comme le général de Gaulle, il s'y refuse et s'en tient à un protocole de coopération politique. Ce n'est certes pas le traité souhaité par Moscou, mais l'expression, employée pour la première fois, marque un progrès, au moins sémantique, de la relation franco-soviétique. Ce protocole sert d'ailleurs de modèle pour les accords germano-soviétiques de 1972 et américano-soviétiques

1. *Le Figaro*, 9 février-15 avril 1965.

de 1973. La France est devenue un exemple pour ses alliés, qui ont adopté la conception de la détente du général de Gaulle. Moins de deux décennies plus tard, en 1990, la détente sera remplacée par l'entente portée par Mikhaïl Gorbatchev et le président Mitterrand. Ils vont conclure alors à Paris un traité d'entente et de coopération, ce traité que l'URSS espérait depuis si longtemps. Et, le mois suivant, la grande conférence réunissant à Paris les chefs d'État des deux Europe a pu constater que la guerre froide était terminée.

En 1960, le général de Gaulle avait passionnément voulu que Paris soit la capitale des négociations entre l'Est et l'Ouest. Une revanche sur l'exclusion de la France à Yalta. L'échec du sommet témoignait du caractère prématuré de ce vœu, mais non de son erreur. En effet, la conférence de novembre 1990 sera le triomphe du général de Gaulle. C'est à Paris que la guerre froide se termine alors. Ce sera aussi l'acte de naissance de l'Europe de l'Atlantique à l'Oural, un espace continu que ne divise plus aucun rideau de fer, de même que Berlin n'est plus séparé par un mur et que l'Allemagne a retrouvé son unité. De l'Atlantique à l'Oural il n'y a plus qu'une succession d'États disposant tous de leur souveraineté. Et la Russie, que le général de Gaulle s'obstinait à nommer par son nom et à entrevoir derrière l'URSS, s'est substituée à l'Union soviétique. Raymond Aron n'y croyait pas, le général de Gaulle l'avait prévu et prédit. La relation qu'il entretint patiemment avec la Russie visait à préparer les voies d'un monde transformé. Mais cette relation fut, comme elle l'a été depuis son établissement en 1717, discontinue, scandée de crises et de rapprochements, toujours la tapisserie de Pénélope qu'il fallait reprendre.

Le caractère chaotique de cette relation tient d'abord à la conception qu'en avait le général de Gaulle. Elle était fondée, il en était convaincu, sur une longue histoire commune qui la légitimait. Pourtant, elle n'avait pas pour lui de valeur absolue, son intérêt résidait dans les avantages qu'elle assurait à la France. Pour le comprendre, il faut considérer l'idée que se faisait le général de Gaulle des relations avec les autres nations. Au cœur de sa vision, c'est l'*intérêt national* de la France qui dominait tout. En 1944-1945, quand la France existait à peine pour les Américains et les Anglais et qu'il revendiquait pour elle une place dans le camp des vainqueurs, le dialogue avec Staline lui a servi à renforcer sa position, celle de son pays, dans une improbable négociation avec tous les Alliés. Elle lui servit aussi – les communistes en France étant puissants, et Staline étant seul à pouvoir leur dicter une conduite – à sauver l'autorité de l'État face aux ambitions révolutionnaires. Le prix de ces acquis fut le traité d'amitié qu'il accepta et auquel l'URSS tenait pour ses propres projets. Mais, plutôt qu'une alliance, ce traité consacrait pour le général de Gaulle un marchandage destiné à régler les problèmes immédiats de son pays. Il en va autrement de la période suivante, amorcée en 1958, où la relation franco-russe s'inscrit dans la volonté du général de Gaulle d'œuvrer à la paix en Europe et au dépassement – dans un avenir encore imprévisible – de la division du continent. Le Général y fut aidé par plusieurs certitudes. Tout d'abord, par la conviction que la nation, le sentiment national sont profondément ancrés dans les mentalités des peuples, qu'au regard de ces liens forgés par l'histoire, l'enracinement dans un territoire et la culture, les idéologies ne pèsent guère. Le communisme, car c'est de lui qu'il s'agit alors, est considéré par le général de Gaulle comme une arme de la domination soviétique et l'écran derrière lequel elle se dissimule. Les manifestations nationales qui jalonnent l'histoire de l'Europe de l'Est depuis 1953, mais aussi celles, plus feutrées, qui frappent l'URSS au Caucase ou dans d'autres républiques, la rivalité sino-soviétique, tout le confirmera dans sa certitude que les nations l'emporteront et que l'intérêt national, les passions nationales balaieront un jour la solidarité de classes brandie contre eux par le système communiste. À cela s'ajoute chez lui la conviction grandissante que les sociétés modernes, forgées par une histoire commune – c'est le cas de l'Europe –, ont tendance à converger, à dépasser leurs différences économiques et sociales et les intérêts économiques qui les opposent. Le général de Gaulle, partant d'une vision géographique, historique et culturelle de l'Europe, en vient à la considérer comme un monde géopolitique doté de son identité et de son intérêt propres. Et, dans ce monde européen, les liens entre les peuples forgés par une histoire commune sont puissants. Il en va ainsi des couples Allemagne-France et Russie-France, séparés par moments par des conflits d'intérêts qui ont pu être violents et longs – trois quarts de siècle et trois guerres pour le couple franco-allemand, deux guerres et près d'un demi-siècle pour le couple franco-russe – mais qui, au regard d'une histoire plus longue, ne peuvent résister au sentiment d'une communauté de destins et d'intérêts. C'est ce regard que le général de Gaulle jette sur l'histoire, plongeant dans le passé, scrutant l'avenir et inscrivant toujours le présent dans le temps long.

Cette conception hautaine de la politique a pu exaspérer les observateurs et les partenaires du général de Gaulle. Qu'en pleine guerre froide, après le coup de Prague de 1968, par exemple, il ait continué à brandir la détente comme seule alternative à une situation insupportable aux peuples dominés, qu'aux crises de Berlin ou de Cuba, autant de moments où l'on a craint la conflagration qui détruirait une part du monde, le Général ait répété, imperturbable : « Il ne se passera rien » ou encore : « Eh bien, nous mourrons tous », on conçoit volontiers que ce style, ces certitudes assénées en réponse à des situations tragiques aient pu déconcerter.

Pourtant, à plus long terme, puisque c'est surtout ainsi qu'il regardait le monde, on peut conclure que son pari aura été gagné. Le dialogue ouvert et développé avec les pays soumis à la domination soviétique, tout en leur conseillant de ne jamais sortir des limites fixées par le dominateur, aura sans aucun doute contribué à établir une coexistence pacifique entre les deux Europe, qui, en dernier ressort, fut fatale à la puissance soviétique. Le président Reagan considérait que l'URSS avait été mise à genoux par la course aux armements, donc par une pure compétition de puissance et de moyens matériels. L'analyse gaullienne était différente, elle partait de la certitude que les mentalités, les sentiments profonds des hommes et des peuples étaient les principaux leviers de l'histoire. S'il ne l'avait pas vraiment cru, comment le général de Gaulle aurait-il pu espérer convaincre les puissants États américain ou soviétique que son pays, décrit par Valéry comme

« le petit cap du continent asiatique[1] », à cette époque vaincu et humilié, était malgré tout un grand, comme eux l'étaient. Optimisme excessif, arrogance, naïveté, ces traits que l'on a souvent opposés au général de Gaulle lui ont probablement permis de maintenir la France au-dessus de son état réel, et finalement de lui rendre son *rang*.

---

1. Paul Valéry, *Œuvres*, Gallimard, « Bibliothèque de la Pléiade », 1960, p. 999.

Orientation bibliographique

Gaulle (Charles de) *Mémoires*, Gallimard, La Pléiade, Paris, 2000.

Gaulle (Charles de) *Lettres, notes et carnets*, Paris, 1980-1988 (LNC).

Gaulle (Charles de) *Discours et messages*, Paris, 1970 (D.M).

Churchill (Winston) *Mémoires sur la Deuxième Guerre mondiale* 12 vol., et particulièrement le t. II (1949) t. III (1950) et t. IV.

*

*   *

Alphand (Hervé) *L'Étonnement d'être. Journal 1938-1973*, Paris, Fayard, 1997.

Barnavi (Eli), Friedländer (Saul), *La Politique étrangère du général de Gaulle*, Paris, PUF, 1985.

Doubinine (Iouri), *Moscou-Paris dans un tourbillon diplomatique. Témoignage d'ambassadeur*, Paris, Imaginaria, 2002.

Harriman (A.), Abel (I.), *Special Envoy to Churchill and Stalin*, New York, Random House, 1975.

Maïski (Ivan), *Journal 1932-1943*, Paris, Les Belles Lettres, 2017.

Spears (*major general*, sir Edward) *Two men who saved France, Pétain 1917, de Gaulle 1940*, Londres, 1966.

Saint John Perse et les États-Unis (colloque), Aix-en-Provence, 1981.

Soutou (Georges-Henri), *La Guerre de cinquante ans. Les relations Est-Ouest 1943-1990*, Paris, Fayard, 2001.

Soutou (Georges Henri), *L'Alliance incertaine. Les rapports politico-stratégiques franco-allemands 1954-1966*, Paris, Fayard, 1996.

Vaïsse (Maurice), *La Grandeur : politique étrangère du général de Gaulle, 1958-1969*, Paris, Fayard, 1998.

Vaïsse (Maurice), Melandri (Pierre), Bozo (Frédéric) *La France et l'OTAN : 1946-1966*, Bruxelles, Complexe, 1996.

*

* *

Aunoble (Éric), *La Révolution russe, une histoire française : Lectures et représentations depuis 1917*, Paris, La Fabrique éditions, 2016.

Becker (Jean-Jacques), *Le Parti communiste veut-il prendre le pouvoir ? La stratégie du PCF de 1930 à nos jours*, Paris, Le Seuil, 1981.

Courtois (Stéphane) Lazar (Marc), *Cinquante ans d'une passion française : de Gaulle et les communistes*, Paris, Balland, 1991.

Couve de Murville (Maurice), *Une politique étrangère 1958-1969*, Paris, Plon, 1971.

Crémieux-Brilhac (Jean-Louis) *Prisonniers de la liberté*, Paris, Gallimard, 2004.

Duroselle (Jean-Baptiste) *Politique étrangère de la France. L'abîme, 1939-1945*, Paris, Imprimerie Nationale, 1982 et « Points Histoire », 1990.

Duroselle (Jean-Baptiste), *La décadence, 1932-1939*, Paris, Imprimerie Nationale, 1979.

Flohic (François), *Souvenirs d'Outre-Gaulle*, Paris, Plon, 1979.

Gallo (Max), *De Gaulle*, 4 vol., Paris, Laffont, 1998.

De Gaulle en son siècle, colloque de la Fondation Charles-de-Gaulle (en particulier t. IV et V), Paris, 1992.

Gillois (André), *Histoire secrète des Français à Londres de 1940 à 1944*, Paris, 1973.

Gomart (Thomas) *Double détente. Les relations franco-soviétiques de 1958 à 1964*, Paris, Publications de la Sorbonne, 2003.

Kersaudy (François), *De Gaulle et Churchill, la mésentente cordiale*, Paris, Perrin, 1981.

Klein-Goussef (Catherine) et al., *Retours d'URSS. Les prisonniers de guerre et internés français dans les archives soviétiques 1945-1951*, Paris, CNRS, 2001.

Lacouture (Jean), *De Gaulle*, 3 vol., Paris, Le Seuil, 1984-1986.

La Gorce (Paul-Marie de), *De Gaulle*, 2 vol., Paris, Perrin, 1999.

Laloy (Jean), *Yalta, hier, aujourd'hui, demain*, Paris, Robert Laffont, 1988.

Larcan (Alain), *Charles de Gaulle. Une certaine idée de l'Europe*, Paris, Bartillat, 1999.

Ledwidge (Bernard), *De Gaulle*, Paris, Flammarion, 1984.

Lévêque (François) *Les Relations franco-soviétiques pendant la Seconde Guerre mondiale 1939-1945*, 4 vol., (thèse de doctorat), Paris, 1992.

Levisse-Touzé (Christine), *Paris 1944. Les enjeux de la libération*, Paris, Albin Michel, 1994.

Lukas (H.D), *Europa von Atlantik bis zum Ural*, Bonn, 1992.

Malia (Martin), *L'Occident et l'énigme russe*, Paris, Le Seuil, 2003.

Malye (François), *De Gaulle vu par les Anglais*, Paris, Calmann-Lévy, 2015.

Moltchanov (N.N.) *Vnechniaia politika frantsii. Monografiia*, Moscou, 2016.

Morelle (Chantal), *De Gaulle, la passion de la France*, Paris, Armand Colin, 2015.

Moullec (Gaël-Georges) *Pour une Europe de l'Atlantique à l'Oural : les relations franco-soviétiques 1956-1974*, Paris, Éditions de Paris, 2016.

Obitchkina (E.), *Vnechniaia politika frantsii ot de Gollia do Sarkozi*, Moscou, 2016.

Peyrefitte (Alain), *C'était de Gaulle*, 2 vol., Paris, Éditions de Fallois/Fayard, 1994 et 1997.

Rey (Marie-Pierre), *Le Dilemme russe. La Russie et l'Europe occidentale d'Ivan le Terrible à Boris Eltsine*, Paris, Flammarion, 2002.

Rey (Marie-Pierre), *La Tentation du rapprochement France et URSS à l'heure de la détente 1964-1974*, Paris, Publications de la Sorbonne, 1991.

Roussel (Éric) *Charles de Gaulle*, Paris, Gallimard, 2002.

Ulam (A.) *Expansion and Coexistence, the History of Soviet Foreign Policy*, Londres, Warburg, 1968.

Recueils de documents

Le Komintern et la Seconde Guerre mondiale, Moscou, 1994-1998, 2 vol.

Sovetsko-frantuskie otnocheniia vo vremia velikoi otetchestvennoi voiny 1941-1945, Dokumenty i materialy, 2 vol., Moscou, 1983.

Soviet-US Relations 1933-1942, Moscou, 1989.

SSSR i germanskii vopros 1941-1949, Dokumenty iz archiva vnechnei politiki rossiiskoi federatsii, Moscou, 2000.

The Conference at Malta and Yalta, Diplomatic Papers, Washington, US Government Printing Office, 1955.

ANNEXES

Annexe I

TRAITÉ D'ALLIANCE ET D'ASSISTANCE MUTUELLE ENTRE LA RÉPUBLIQUE FRANÇAISE ET L'UNION DES RÉPUBLIQUES SOCIALISTES SOVIÉTIQUES[1]

Le Gouvernement provisoire de la République française et le Présidium du Conseil Suprême de l'Union des Républiques socialistes soviétiques,

Déterminés à poursuivre en commun et jusqu'au bout la guerre contre l'Allemagne,

Convaincus qu'une fois la victoire acquise le rétablissement de la paix sur une base stable et son maintien pour un durable avenir comportant comme condition l'existence d'une étroite collaboration entre eux et avec l'ensemble des Nations Unies,

Décidés à collaborer afin de créer un système international de sécurité permettant le maintien effectif de la paix générale et garantissant le développement harmonieux des rapports entre les nations,

Désireux de confirmer les engagements réciproques résultant de l'échange de lettres du 20 septembre 1941 relatif à l'action conjointe dans la guerre contre l'Allemagne,

Assurés de répondre par la conclusion d'une alliance entre la France et l'U.R.S.S. aux sentiments comme aux intérêts des deux peuples, aux exigences de la guerre comme aux besoins de la paix et de

1. Archives diplomatiques, TRA194400/24/001.

la reconstruction économique, en conformité entière avec les buts que se proposent les Nations Unies.

Ont résolu de conclure un traité à cet effet et ont désigné pour leurs plénipotentiaires, savoir :

Le Gouvernement provisoire de la République française

M. Georges BIDAULT, Ministre des Affaires Étrangères

Le Présidium du Conseil Suprême de l'Union des Républiques socialistes soviétiques, M. Viatcheslav Mikhaïlovitch MOLOTOV, Commissaire du Peuple aux Affaires Étrangères de l'U.R.S.S.

Lesquels, après avoir échangé leurs pleins pouvoirs reconnus en bonne et due forme, sont convenus des dispositions suivantes :

Article Premier

Chacune des Hautes Parties Contractantes continuera de combattre aux côtés de l'autre et des Nations Unies jusqu'à la victoire finale sur l'Allemagne. Chacune des Hautes Parties Contractantes s'engage à prêter à l'autre aide et assistance dans cette lutte par tous les moyens dont elle dispose.

Article 2

Les Hautes Parties Contractantes n'accepteront ni d'entrer en négociations séparées avec l'Allemagne ni de conclure sans mutuel consentement un armistice ou un traité de paix soit avec le gouvernement hitlérien soit avec tout autre gouvernement ou autorité créés en Allemagne dans le but de prolonger ou d'entretenir la politique d'agression allemande.

Article 3

Les Hautes Parties Contractantes s'engagent à prendre d'un commun accord, à la fin du présent conflit avec l'Allemagne, toutes mesures nécessaires pour éliminer toute nouvelle menace provenant de l'Allemagne et à faire obstacle à toute initiative de nature à rendre possible une nouvelle tentative d'agression de sa part.

Article 4

Dans le cas où l'une des Hautes Parties Contractantes se trouverait impliquée dans des hostilités avec l'Allemagne soit à la suite d'une agression commise par celle-ci soit par le jeu de l'article 3 ci-dessus, l'autre lui apportera immédiatement toute l'aide et l'assistance en son pouvoir.

Article 5

Les Hautes Parties Contractantes s'engagent à ne pas conclure d'alliance et à ne participer à aucune coalition dirigée contre l'une d'elles.

Article 6

Les Hautes Parties Contractantes conviennent de se donner l'une à l'autre toute l'assistance économique possible après la guerre en vue de faciliter et de hâter la reconstruction des deux pays et de contribuer à la prospérité du monde.

Article 7

Le présent traité n'affecte en rien les engagements précédemment assumés par les Hautes Parties Contractantes envers les États tiers en vertu de traités publiés.

Article 8

Le présent traité, dont les textes français et russe font également foi, sera ratifié et les instruments de ratification en seront échangés à Paris aussitôt que faire se pourra.

Il prendra effet à compter de l'échange des instruments de ratifications et restera en vigueur pendant vingt ans. Si un an au moins avant l'expiration de cette période, il n'est pas dénoncé par l'une des Hautes Parties Contractantes, il restera en vigueur sans limitation de durée, chacune des Hautes Parties Contractantes pouvant alors y mettre fin par une déclaration à cet effet avec préavis d'un an.

EN FOI DE QUOI les plénipotentiaires ci-dessus désignés ont signé le présent traité et ont apposé leurs sceaux.

FAIT à MOSCOU en double expédition
le dix décembre 1944.

(signé)

BIDAULT
Ministre
des Affaires Étrangères

(signé)

MOLOTOV
Commissaire du Peuple
aux Affaires Étrangères.

Annexe II

Projet de communiqué franco-soviétique proposé par Hervé Alphand, secrétaire général du ministère des Affaires étrangères, le 6 juin 1966

PROJET DE COMMUNIQUÉ FRANCO-SOVIÉTIQUE[1]

SUR L'INVITATION DU PRAESIDIUM DU SOVIET SUPRÊME ET DU GOUVERNEMENT DE L'UNION SOVIÉTIQUE, LE PRÉSIDENT DE LA RÉPUBLIQUE FRANÇAISE ET MADAME DE GAULLE ONT ÉTÉ, DU 20 JUIN AU 1ER JUILLET, LES HÔTES DE L'UNION SOVIÉTIQUE.

AU COURS DE SON SÉJOUR, LE PRÉSIDENT DE LA RÉPUBLIQUE FRANÇAISE, QUI ÉTAIT ACCOMPAGNÉ PAR LE MINISTRE DES AFFAIRES ÉTRANGÈRES, M. COUVE DE MURVILLE, A ACCOMPLI UN VOYAGE QUI LUI A PERMIS DE PRENDRE CONTACT AVEC LES PRINCIPALES RÉGIONS DE L'URSS ET DE DISCERNER LES ASPECTS LES PLUS CARACTÉRISTIQUES DE LA VIE ET DE L'ACTIVITÉ SOVIÉTIQUES.

LE PRÉSIDENT DE LA RÉPUBLIQUE A EU À MOSCOU DES ENTRETIENS AVEC M. L. I. BREJNEV, M. A. N. KOSSYGUINE ET M. N. PODGORNY. M. COUVE DE MURVILLE ET M. A. GROMYKO ONT PARTICIPÉ À CES ENTRETIENS AINSI QUE M. PHILIPPE BAUDET, AMBASSADEUR DE FRANCE EN URSS ET M. V. A. ZORINE, AMBASSADEUR DE L'URSS EN FRANCE.

---

1. Archives diplomatiques, série URSS 208QONT/2671, cote provisoire (en cours de reclassement).

CES CONVERSATIONS, QUI SE SONT DÉROULÉES DANS LE CLIMAT DE GRANDE CORDIALITÉ CONFORME AUX RELATIONS AMICALES ET AUX LIENS HISTORIQUES EXISTANT ENTRE LES DEUX PAYS, ONT PERMIS DES ÉCHANGES DE VUES UTILES ET APPROFONDIS SUR LES GRANDS PROBLÈMES DE LA POLITIQUE INTERNATIONALE AINSI QUE SUR LES RAPPORTS FRANCO-SOVIÉTIQUES.

LES PROBLÈMES EUROPÉENS ONT RETENU EN PREMIER LIEU L'ATTENTION DU GÉNÉRAL DE GAULLE ET DES HOMMES D'ÉTAT SOVIÉTIQUES. CES PROBLÈMES SONT BIEN ENTENDU D'UNE IMPORTANCE ESSENTIELLE POUR LA FRANCE ET POUR L'UNION SOVIÉTIQUE, CAR C'EST DE LEUR SOLUTION QUE DÉPEND L'ÉTABLISSEMENT DANS LE CONTINENT TOUT ENTIER D'UNE SITUATION NORMALEMENT STABILISÉE ET, PAR CONSÉQUENT, D'UNE PAIX RÉELLE. IL S'AGIT AVANT TOUT POUR EUX DE LA QUESTION ALLEMANDE ET DE LA SÉCURITÉ EUROPÉENNE.

LES DEUX GOUVERNEMENTS SONT D'ACCORD POUR PENSER QUE CES PROBLÈMES DOIVENT ÊTRE CONSIDÉRÉS D'ABORD DANS UN CADRE EUROPÉEN, CE QUI IMPLIQUE QUE SOIENT D'ABORD CRÉÉES ENTRE LES ÉTATS DU CONTINENT LES CONDITIONS NÉCESSAIRES AUX ACCORDS À ÉTABLIR ET, AVANT TOUT, INSTITUÉ UN CLIMAT DE DÉTENTE ENTRE TOUS LES PAYS, CEUX DE L'OUEST ET CEUX DE L'EST, UN TEL CLIMAT ÉTANT INDISPENSABLE POUR QUE LES PROBLÈMES QUI SE POSENT PUISSENT ÊTRE CONSIDÉRÉS ET DISCUTÉS DANS DES CONDITIONS FAVORABLES AU RAPPROCHEMENT ET À L'ENTENTE.

POUR LA FRANCE, COMME POUR L'UNION SOVIÉTIQUE, LE PREMIER OBJECTIF EST, DANS CET ESPRIT, LA NORMALISATION, PUIS LE DÉVELOPPEMENT PROGRESSIF DES RAPPORTS ENTRE TOUS LES PAYS EUROPÉENS, DANS LE RESPECT DE L'INDÉPENDANCE DE CHACUN ET LA NON INTERVENTION DANS SES AFFAIRES

INTÉRIEURES. CETTE ACTION DOIT SE POURSUIVRE DANS TOUS LES DOMAINES DE L'ACTION, QU'IL S'AGISSE DE L'ÉCONOMIE DE LA CULTURE, DE LA TECHNIQUE, ET NATURELLEMENT DE LA POLITIQUE.

IL A ÉTÉ CONSTATÉ DE PART ET D'AUTRE AVEC SATISFACTION QUE DES PROGRÈS NOTABLES AVAIENT DÉJÀ ÉTÉ RÉALISÉS DANS CETTE ENTREPRISE DE NORMALISATION DE LA SITUATION EN EUROPE. ELLE DOIT ÊTRE POURSUIVIE AVEC LA VOLONTÉ D'OUVRIR ENFIN LA VOIE À UNE COOPÉRATION FÉCONDE DE L'EUROPE TOUT ENTIÈRE.

LA FRANCE ET L'UNION SOVIÉTIQUE SONT CONVENUES QUE LEUR PROPRE COOPÉRATION PEUT APPORTER À UNE TELLE ÉVOLUTION UNE CONTRIBUTION DÉCISIVE. ELLES CONSTATENT AVEC SATISFACTION QU'EN CE QUI LES CONCERNE, ET DEPUIS PLUSIEURS ANNÉES DÉJÀ, DES PROGRÈS IMPORTANTS ONT ÉTÉ ACCOMPLIS, QUE VIENNENT CONSACRER LE VOYAGE DU GÉNÉRAL DE GAULLE À MOSCOU ET LES ENTRETIENS QU'ILS A EUS À CETTE OCCASION AVEC LES DIRIGEANTS SOVIÉTIQUES. ELLES SONT RÉSOLUES À POURSUIVRE DANS CETTE VOIE, EN S'EFFORÇANT D'ASSOCIER PROGRESSIVEMENT À LEURS EFFORTS L'ENSEMBLE DES PAYS EUROPÉENS.

LA SITUATION DANS LE SUD-EST ASIATIQUE A ÉTÉ EXAMINÉE. IL A ÉTÉ CONSTATÉ QU'ELLE ÉTAIT DE PLUS EN PLUS PRÉOCCUPANTE DANS LA PÉNINSULE INDOCHINOISE, EN RAISON DE L'AGGRAVATION DE LA GUERRE AU VIETNAM, QUI MULTIPLIE DANS CE PAYS LES SOUFFRANCES ET LES DESTRUCTIONS ET QUI REND TOUJOURS PLUS PRÉCAIRE LA SITUATION DES ÉTATS VOISINS, CAMBODGE ET LAOS.

LE GOUVERNEMENT FRANÇAIS ET LE GOUVERNEMENT SOVIÉTIQUE CONTINUENT DE PENSER QUE LA SEULE ISSUE POSSIBLE À UNE TELLE CRISE EST UN RÈGLEMENT NÉGOCIÉ SUR LA BASE DES ACCORDS DE GENÈVE DE 1954 EXCLUANT TOUTE INTERVENTION ÉTRANGÈRE AU VIETNAM. ILS SONT D'ACCORD POUR CONTINUER, DANS CET ESPRIT, À ÉCHANGER LEURS

INFORMATIONS, À CONFRONTER LEURS VUES ET, LE CAS ÉCHÉANT, À ACCORDER LEURS ATTITUDES.

LES DEUX PARTIES ONT DISCUTÉ DU PROBLÈME DU DÉSARMEMENT. ELLES N'ONT PU QUE CONSTATER L'ÉCHEC DES EFFORTS TENTÉS À CE JOUR POUR ENTRER DANS LA VOIE D'UN DÉSARMEMENT GÉNÉRAL ET CONTRÔLÉ. COMPTE TENU DE L'IMPORTANCE CAPITALE À CET ÉGARD DES PROBLÈMES NUCLÉAIRES, NON SEULEMENT QUANT À LA DISSÉMINATION DES ARMES ATOMIQUES, MAIS QUANT À L'INTERDICTION DES FABRICATIONS ET À LA DESTRUCTION DES STOCKS EXISTANTS, ELLES ONT CONCLU QUE, DANS UNE PREMIÈRE ÉTAPE, IL ÉTAIT NÉCESSAIRE QUE LES PUISSANCES DISPOSANT DE CES ARMES DISCUTENT DES MOYENS PROPRES À ASSURER DANS CE DOMAINE UN DÉSARMEMENT RÉEL.

EN CE QUI CONCERNE LES NATIONS UNIES, IL A ÉTÉ PRIS NOTE AVEC SATISFACTION DES PROGRÈS RÉALISÉS DANS LE SENS D'UNE PLUS EXACTE CONSCIENCE DU RÔLE QUI EST DÉVOLU À L'ORGANISATION PAR LA CHARTE AINSI QUE DES EFFORTS EN COURS POUR CHERCHER À INTRODUIRE PLUS DE RIGUEUR FINANCIÈRE ET ADMINISTRATIVE DANS SON FONCTIONNEMENT.

LES RELATIONS BILATÉRALES FRANCO-SOVIÉTIQUES ONT ÉTÉ EXAMINÉES AVEC LE DÉSIR DE RECHERCHER TOUTES LES POSSIBILITÉS DE DÉVELOPPER AU MAXIMUM LES ÉCHANGES ET LA COOPÉRATION.

LES QUESTIONS ÉCONOMIQUES ONT ÉTÉ PASSÉES EN REVUE. C'EST DANS LE CADRE DE L'ACCORD COMMERCIAL À LONG TERME SIGNÉ LE 30 OCTOBRE 1964 QUE SONT ORGANISÉS LES ÉCHANGES ENTRE LA FRANCE ET L'URSS. SUR UNE PÉRIODE DE CINQ ANS CET ACCORD, TOUT EN PRÉCISANT LA NATURE DES BIENS ET PRODUITS À IMPORTER ET À EXPORTER DE PART ET D'AUTRE. A PRÉVU UN ACCROISSEMENT SUBSTANTIEL ET RÉCIPROQUE DU COMMERCE. IL A ÉTÉ

PRIS ACTE DES CONDITIONS DANS LESQUELLES CET ACCORD A REÇU APPLICATION DEPUIS SA SIGNATURE ET LES DEUX PARTIES ONT EXPRIMÉ LEUR VOLONTÉ QUE, DANS L'INTÉRÊT DU DÉVELOPPEMENT DES RELATIONS ÉCONOMIQUES ENTRE LES DEUX PAYS, IL SOIT MIS EN ŒUVRE DANS TOUTES SES DISPOSITIONS.

LA MÊME VOLONTÉ A ÉTÉ MANIFESTÉE EN CE QUI CONCERNE L'ACCORD FRANCO-SOVIÉTIQUE DU 22 MARS 1965 CONCERNANT LA TÉLÉVISION EN COULEUR. COMPTE TENU DE LA CONFIANCE QUE LES DEUX PARTIES ACCORDENT AU PROCÉDÉ QU'ELLES ONT CHOISI EN COMMUN, AINSI QUE DES DÉLIBÉRATIONS INTERNATIONALES EN COURS, ELLES SONT CONVENUES DE POURSUIVRE LEUR COOPÉRATION POUR LE DÉVELOPPEMENT INDUSTRIEL DE CE PROCÉDÉ.

LES DEUX PARTIES ONT ACCORDÉ UNE GRANDE ATTENTION AU DÉVELOPPEMENT DES ÉCHANGES DANS LES DOMAINES DE LA CULTURE, DE LA SCIENCE ET DE LA TECHNIQUE, ESTIMANT QUE DE TELS ÉCHANGES CONTRIBUENT À RENFORCER LES RAPPORTS D'AMITIÉ EN MÊME TEMPS QU'ILS SERVENT UTILEMENT LES INTÉRÊTS MUTUELS. ELLES ONT CONSTATÉ AVEC SATISFACTION LES MESURES PRISES POUR FAVORISER LES CONTACTS, MULTIPLIER LES MISSIONS, TRAVAUX ET RECHERCHES ET EN ACCROÎTRE LA QUALITÉ. ELLES SE SONT FÉLICITÉES DU NIVEAU ATTEINT PAR LES RELATIONS CULTURELLES FRANCO-SOVIÉTIQUES, EN CE QUI CONCERNE TANT LES ÉCHANGES UNIVERSITAIRES QUE LES MANIFESTATIONS DESTINÉES À ATTEINDRE UN VASTE PUBLIC. IL A ÉTÉ DÉCIDÉ D'ACCROÎTRE LES EFFORTS DÉJÀ ENTREPRIS POUR ORGANISER L'ENSEIGNEMENT DANS CHAQUE PAYS DE LA LANGUE DE L'AUTRE.

QUANT AUX RELATIONS SCIENTIFIQUES FRANCO-SOVIÉTIQUES, IL A ÉTÉ CONSTATÉ QUE LES CONTACTS ENTRE SAVANTS ET CHERCHEURS FRANÇAIS ET SOVIÉTIQUES ÉTAIENT DEVENUS NOMBREUX ET FRUCTUEUX. LEUR DÉVELOPPEMENT AU PROFIT MUTUEL DES DEUX PAYS SERA ENCOURAGÉ.

LES CONVERSATIONS ONT PERMIS DE CONSTATER LES BONS RÉSULTATS DÉJÀ OBTENUS DANS LE CADRE DE LA COOPÉRATION ENTRE LA FRANCE ET L'URSS POUR L'UTILISATION PACIFIQUE DE L'ÉNERGIE ATOMIQUE. IL A ÉTÉ PRIS NOTE DES PLANS FORMÉS DE PART ET D'AUTRE POUR ÉLARGIR LA BASE DES TRAVAUX MENÉS EN COMMUN, EN PARTICULIER DANS LA PHYSIQUE DES HAUTES ÉNERGIES.

UN PARAGRAPHE RÉSERVÉ POUR L'ACCORD SPATIAL ET L'ACCORD DE COOPÉRATION ÉCONOMIQUE, SCIENTIFIQUE ET TECHNIQUE.

LA VISITE DU GÉNÉRAL DE GAULLE EN URSS ET LES ENTRETIENS AUXQUELS ELLE A DONNÉ LIEU SONT UNE CONTRIBUTION CAPITALE AU DÉVELOPPEMENT DE L'ENTENTE ENTRE LE PEUPLE FRANÇAIS ET LE PEUPLE SOVIÉTIQUE. AINSI EN EST AFFERMI UN SENTIMENT RENAISSANT DE CONFIANCE DANS UNE EUROPE QUI DOIT RETROUVER SON RÔLE TRADITIONNEL DE FOYER DE LA CIVILISATION ET AGIR EN COMMUN POUR LE PROGRÈS ET POUR LA PAIX DU MONDE ./.

DIPLOMATIE
PO

ALPHAND.

Annexe III[1]

Déclaration franco-soviétique (30 juin 1966)

Sur l'invitation du Praesidium du Soviet Suprême et du Gouvernement de l'Union Soviétique, le Président de la République française et Madame de Gaulle ont été, du 20 juin au 1er juillet 1966, les hôtes de l'Union Soviétique.

Au cours de son séjour, le Président de la République française, qui était accompagné par le ministre des Affaires étrangères, M. Couve de Murville, a accompli un voyage qui lui a permis de prendre contact avec les principales régions de l'U.R.S.S. et de discerner les aspects les plus caractéristiques de la vie et de l'activité du peuple soviétique.

Le Président de la République a eu à Moscou des entretiens avec M. L.I. Brejnev, M. A.N. Kossyguine et M. N.V. Podgorny. M. Maurice Couve de Murville, ministre des Affaires étrangères de France, et M. A.A. Gromyko, ministre des Affaires étrangères de l'U.R.S.S., ont participé à ces entretiens, ainsi que M. Philippe Baudet, ambassadeur de France en U.R.S.S., et M. V.A. Zorine, ambassadeur de l'U.R.S.S. en France.

Ces conversations, qui se sont déroulées dans le climat de grande cordialité conforme aux relations amicales et aux liens historiques existant entre les deux pays, ont permis des échanges de vues

---

1. Archives diplomatiques, URSS 208QONT/2672 (en cours de reclassement).

utiles et approfondis sur les grands problèmes de la politique internationale, ainsi que sur les rapports franco-soviétiques.

* * *

Les problèmes européens ont retenu en premier lieu l'attention du Général de Gaulle et des hommes d'État soviétiques. Ces problèmes sont, bien entendu, d'une importance essentielle pour la France et pour l'Union Soviétique, car c'est de leur solution que dépend l'établissement dans le continent tout entier d'une situation normale et, par conséquent, d'une paix réelle et stable. Il s'agit avant tout pour eux de la sécurité européenne et de la question allemande, sur lesquelles les deux parties ont échangé leurs vues.

Les deux Gouvernements sont d'accord pour penser que les problèmes de l'Europe doivent être considérés d'abord dans un cadre européen. Ils estiment que les États du continent doivent consacrer leurs efforts à la création des conditions nécessaires aux accords à conclure et, en particulier, à l'établissement d'un climat de détente entre tous les pays, à l'Est et à l'Ouest. Un tel climat, en effet, favoriserait entre eux le rapprochement et, par conséquent, l'examen et le règlement des problèmes qui se posent.

Pour la France, comme pour l'Union Soviétique, le premier objectif est, dans cet esprit, la normalisation, puis le développement progressif des rapports entre tous les pays européens, dans le respect de l'indépendance de chacun et la non-intervention dans ses affaires intérieures. Cette action doit se poursuivre dans tous les domaines, qu'il s'agisse de l'économie, de la culture, de la technique, et, naturellement, de la politique.

Il a été constaté de part et d'autre avec satisfaction que des progrès notables avaient déjà été réalisés vers la normalisation de la situation en Europe. Elle doit être poursuivie avec la volonté d'ouvrir enfin la voie à une coopération féconde de l'Europe tout entière.

La France et l'Union Soviétique sont convenues que leur propre coopération peut apporter à une telle évolution une contribution décisive. Elles constatent avec satisfaction qu'en ce qui les concerne, depuis ces dernières années, des progrès importants ont été accomplis, que viennent consacrer le voyage du Général de Gaulle à Moscou et les entretiens qu'il a eus à cette occasion avec les dirigeants soviétiques. Elles sont résolues à poursuivre dans cette voie, en s'efforçant d'associer progressivement à leurs efforts l'ensemble des pays européens.

La situation dans le Sud-Est asiatique a été examinée. Il a été constaté que la situation dans la péninsule indochinoise était de plus en plus préoccupante, en raison de l'aggravation de la guerre au Vietnam, qui multiplie dans ce pays les souffrances et les destructions et rend toujours plus précaire la situation des États voisins, Cambodge et Laos.

Le Gouvernement français et le Gouvernement soviétique continuent de penser que la seule issue possible à une telle situation, qui représente une menace pour la cause de la paix, est un règlement sur la base des accords de Genève de 1954, excluant toute intervention étrangère au Vietnam. Ils sont d'accord pour continuer, dans cet esprit, à échanger leurs informations et à confronter leurs vues.

Les deux parties ont discuté du problème du désarmement. Elles ont constaté avec regret que jusqu'à présent aucun accord n'est intervenu pour entrer dans la voie d'un désarmement général et contrôlé. On a souligné de part et d'autre le danger que représente pour la paix la dissémination des armes nucléaires. Compte tenu de l'importance capitale des problèmes nucléaires, non seulement quant à la dissémination des armes atomiques, mais quant à l'interdiction de leur fabrication et à la destruction des stocks existants, il a été reconnu qu'il était nécessaire que les puissances disposant de ces armes discutent des moyens propres à assurer dans ce domaine un désarmement véritable.

En ce qui concerne l'organisation des Nations Unies, il a été pris note avec satisfaction des progrès réalisés dans le sens d'une plus exacte conscience du rôle qui est dévolu à l'Organisation par la Charte, ainsi que des efforts en cours pour chercher à introduire plus de rigueur financière et administrative dans son fonctionnement.

* * *

Les relations bilatérales franco-soviétiques ont été examinées avec le désir de rechercher toutes les possibilités de développer au maximum les échanges et la coopération.

Les problèmes concernant un développement progressif de la coopération économique entre les deux pays ont été soumis à un large examen. Les échanges entre la France et l'Union Soviétique se font sur la base de l'accord commercial à long terme signé le 30 octobre 1964. Cet accord, conclu pour une durée de cinq ans, détermine la nature des marchandises à importer et à exporter de part et d'autre et prévoit un accroissement substantiel et réciproque du commerce. Les conditions dans lesquelles cet accord a été appliqué depuis sa signature ont été examinées. On s'est déclaré convaincu de part et d'autre qu'il existe de larges possibilités, non seulement d'en appliquer toutes les dispositions dans l'intérêt du développement des rapports économiques entre les deux pays, mais encore d'accroître les échanges mutuels au-delà des objectifs prévus par l'accord.

Les deux parties ont approuvé le principe de la création d'une commission mixte permanente franco-soviétique, composée de représentants d'un rang élevé, qui serait chargée d'examiner de façon régulière les problèmes pratiques posés par l'exécution des accords commerciaux, économiques et technico-scientifiques existants et de rechercher, au-delà de la période de cinq ans prévue pour l'exécution de l'accord commercial, les possibilités de développer dans ces domaines les échanges et la coopération en vue de leur assurer des perspectives plus larges et plus stables.

Des deux côtés a été exprimée la volonté d'appliquer dans toutes ses dispositions l'accord franco-soviétique du 22 mars 1965 concernant la télévision en couleurs. Compte tenu de la confiance que les deux parties accordent au procédé qu'elles ont choisi en commun, ainsi que des délibérations internationales en cours, elles sont convenues de poursuivre leur coopération pour la mise en exploitation industrielle de ce procédé.

Les deux parties ont accordé une grande attention au développement des échanges dans les domaines de la culture, de la science et de la technique, estimant que de tels échanges contribuent à renforcer les rapports d'amitié, en même temps qu'ils servent utilement les intérêts mutuels. Elles ont constaté avec satisfaction les mesures prises pour favoriser les contacts, multiplier les missions, travaux et recherches et en accroître la qualité.

Elles se sont félicitées du niveau déjà atteint par les relations culturelles franco-soviétiques, notamment dans les domaines de l'enseignement supérieur, de la médecine, des arts, des expositions, du sport, etc. Il a été décidé d'augmenter les échanges dans tous ces domaines et, en particulier, d'accroître les efforts déjà entrepris pour organiser l'enseignement dans chaque pays de la langue de l'autre.

Quant aux relations scientifiques franco-soviétiques, il a été constaté que les contacts entre savants et chercheurs français et soviétiques étaient devenus nombreux et fructueux. Leur développement au profit mutuel des deux pays sera encouragé.

Les conversations ont permis de constater les bons résultats déjà obtenus dans le cadre de la coopération entre la France et l'U.R.S.S. pour l'utilisation pacifique de l'énergie atomique. Il a été pris note des plans formés de part et d'autre pour élargir la base des travaux menés en commun, en particulier dans la physique des hautes énergies.

Les ministres des Affaires étrangères ont signé un accord de coopération pour l'étude et l'exploration de l'espace à des fins pacifiques, ainsi qu'un accord sur la coopération scientifique, technique et économique. Le Gouvernement français et le Gouvernement soviétique attachent une grande importance à ces deux accords qui permettront d'accroître les échanges et de développer la coopération entre les deux pays, en matière de science et de technique, notamment dans les domaines les plus avancés.

Il a été décidé de part et d'autre de conclure entre la France et l'Union Soviétique une convention consulaire et d'engager très prochainement des négociations à cet effet.

En vue de renforcer la confiance mutuelle et d'élargir les domaines d'entente et de coopération entre la France et l'U.R.S.S., les deux Gouvernements ont décidé de poursuivre des consultations entre eux de manière régulière.

Ces consultations porteront sur les problèmes européens et sur les autres problèmes internationaux d'intérêt commun. Les deux Gouvernements s'efforceront de concerter leurs efforts dans l'intérêt de la paix et de la sécurité en Europe et dans le monde. Les consultations porteront également sur les relations bilatérales, compte tenu de la volonté des deux parties de développer les relations amicales et une coopération plus poussée entre la France et l'U.R.S.S.

Afin de renforcer les contacts mutuels au niveau le plus élevé, la France et l'Union Soviétique ont décidé d'établir entre le Kremlin et l'Élysée une ligne de communication directe qui pourra être utilisée pour des échanges de vues et l'envoi de messages toutes les fois où cela paraîtra nécessaire.

Le Général de Gaulle a invité à se rendre en France en visite officielle les dirigeants soviétiques avec lesquels il a eu des entretiens, MM. L.I. Brejnev, A.N. Kossyguine et N.V. Podgorny. Cette invitation a été acceptée par eux avec gratitude au nom du Praesidium du Soviet Suprême de l'U.R.S.S. et du Gouvernement soviétique.

La visite du Général de Gaulle en U.R.S.S. et les entretiens auxquels elle a donné lieu constituent une contribution capitale au développement de l'entente entre la France et l'Union Soviétique, entre le peuple français et le peuple soviétique. De cette manière est affermi un sentiment renaissant de confiance dans une Europe qui doit marquer davantage son rôle traditionnel de foyer de la civilisation et agir en commun dans l'intérêt du progrès et de la paix dans le monde entier.

Le Président de la République française	Le Président du Praesidium du Soviet Suprême de l'U.R.S.S.

Moscou, le 30 juin 1966.

Annexe IV[1]

Allocution prononcée à la télévision soviétique, le 30 juin 1966

La visite que j'achève de faire à votre pays c'est une visite que la France de toujours rend à la Russie de toujours. Depuis les temps très lointains où naquirent nos deux nations, elles n'ont jamais cessé d'éprouver l'une pour l'autre un intérêt et un attrait tout à fait particuliers. En France, les Russes ont toujours été très populaires. Aussi, en venant vous voir, il m'a semblé que ma démarche et votre réception étaient inspirées par une considération et une cordialité réciproques, que n'ont brisées, depuis des siècles, ni certains combats d'autrefois, ni des différences de régime, ni des oppositions récemment suscitées par la division du monde. Au contraire, l'estime que nous nous portons a grandi à mesure des expériences vécues et des épreuves traversées. Voilà pourquoi, en passant à Moscou, à Novosibirsk, à Léningrad, à Kiev, à Volgograd, en survolant vos plaines, vos fleuves, vos forêts, vos montagnes, en voyant près de moi vos hommes, vos femmes, vos enfants, j'étais rempli d'une émotion qui me venait du fond de l'Histoire.

Cette émotion, je la ressens au plus haut point en ce moment même. Car me voici devant vous tous pour saluer le peuple russe au nom du peuple français. Après l'immense transformation déclenchée chez vous par votre Révolution depuis près

1. Archives diplomatiques, URSS 208QONT/2672 (en cours de reclassement).

de cinquante ans, au prix de sacrifices et d'efforts gigantesques ; puis après le drame terrible que fut pour vous la guerre gagnée il y a plus de vingt années et dont la part que vous y avez prise a porté l'Union Soviétique au plus haut degré de la puissance et de la gloire ; enfin, après votre reconstruction succédant à tant de ravages, nous vous voyons vivants, pleins de ressort, progressant sur toute la ligne, au point que vous êtes tout près d'envoyer des vôtres dans la lune. D'ailleurs c'est en connaissance de cause que le peuple français mesure vos mérites et vos réussites. Car, depuis tantôt deux siècles, il a connu, lui aussi, les secousses des grandes batailles, des invasions et des révolutions ; il a subi, lui aussi, lors des deux guerres mondiales, et ensuite durement réparé, d'énormes pertes humaines et matérielles ; il accomplit actuellement, lui aussi, une profonde rénovation économique, scientifique et technique. Certes, nous ne faisons pas tout cela, vous et nous, de la même façon et les moyens que nous y employons sont souvent très différents. Mais, au total, votre destin et le nôtre sont semblables et conjugués. Soviétiques et Français nous pouvons nous donner la main.

C'est dire, que dans le monde et à l'époque d'aujourd'hui, nos deux pays ont à faire ensemble beaucoup de choses de premier ordre. Or, ces choses-là sont, non point du tout destructrices ou menaçantes, mais constructives et pacifiques. Il s'agit tout d'abord de faire avancer notre développement respectif en multipliant nos échanges dans tous les domaines. En effet, si la France et l'Union Soviétique, chacune de son côté, ont ce qu'il leur faut pour vivre, il est clair, qu'en s'aidant l'une l'autre, elles ont à gagner beaucoup. Il s'agit aussi de mettre en œuvre successivement : la détente, l'entente et la coopération dans notre Europe tout entière, afin qu'elle se donne à elle-même sa propre sécurité après tant de combats, de ruines et de déchirements. Il s'agit, par là, de faire en sorte que notre Ancien Continent, uni et non plus divisé, reprenne le rôle capital qui lui revient, pour l'équilibre, le progrès et la paix de l'univers.

À chaque homme et à chaque femme russes qui m'entendent et me regardent, j'adresse de tout cœur mes remerciements pour le magnifique accueil qui m'a été fait ici par le peuple et par ceux qui ont la charge de le conduire. À chacune et à chacun de vous, j'exprime mes meilleurs souhaits pour sa vie, pour celle des siens, pour celle de son pays. À tous, je dis que la France nouvelle est l'amie de la Russie nouvelle.

Vive l'Union Soviétique !

Vive l'amitié de la Russie et de la France !

Table des matières

III

Pour en finir avec Yalta : la détente

Cet ouvrage a été imprimé en France par
CPI
pour le compte des Éditions Fayard
en novembre 2017

Composition et mise en pages
Nord Compo à Villeneuve-d'Ascq

PAPIER À BASE DE FIBRES CERTIFIÉES

Fayard s'engage pour l'environnement en réduisant l'empreinte carbone de ses livres. Celle de cet exemplaire est de :
750 g éq. CO_2
Rendez-vous sur www.fayard-durable.fr

Dépôt légal : novembre 2017
N° d'édition : 15-2988-3/01 - N° d'impression : 2031001